아들
아 -
콘돔
쓰렴

더　생　각　　스스로 생각하고 만드는 내 삶을 위한 실천
인　문　학
시　리　즈　　인문학의 존재 이유는 나를 둘러싼 세상에 질문을 던지고 내 삶과 존재하는 모든
　　　　　　삶의 의미를 확인하며 더 깊이 이해하는 데 있습니다. '더 생각 인문학 시리즈'는
　　　　　　일상의 삶에 중심을 두고 자발적인 개인을 성장시키며 사람의 가치를 고민하고
가치 있는 삶의 조건을 생각하는 기회로 다가가고자 합니다.

아빠의 성과 페미니즘

아들아, 콘돔 쓰렴

더 생각 인문학 시리즈 03

초판 1쇄 인쇄 | 2018년 5월 1일
초판 1쇄 발행 | 2018년 5월 10일

지은이 | 이은용

발행인 | 김태영
발행처 | 도서출판 씽크스마트
주　　소 | 서울특별시 마포구 토정로 222(신수동) 한국출판콘텐츠센터 401호
전　　화 | 02-323-5609 · 070-8836-8837
팩　　스 | 02-337-5608

ISBN 978-89-6529-179-4　03190

• 씽크스마트 • 더 큰 세상으로 통하는 길
• 도서출판 사이다 • 사람과 사람을 이어주는 다리

아들
아 –
콘돔
쓰렴

아빠의 성과
페미니즘

이은용

남성 몽정기의
오답노트

모든 남자 어른은 몽정기(期)를 거쳤다. 회식 자리에서 음험한 손길을 뻗는 권력형 성범죄자나 남성 페미니스트를 자처하는 계몽된 이나 이 과정 이후의 존재들이기는 매한가지다. 그런데도 성정치에서 극과 극인 양쪽 모두 이 공통의 경험에 대해서는 과묵하기만 하다. 경험이 지식으로 후대에 전승되지 못하는 것은 당연하다. 성정치가 활발한 담론을 통해 구성되는 장이라는 점을 고려하면 심각한 공백이 아닐 수 없다. 생물학적으로 급속히 성장하는 시기에 한국 남성은 음란물 같은 불량 참고서로 자습하며 왜곡된 남성성을 무차별

적으로 체화한다. 성인이 되어 평등과 해방의 성정치에 눈을 뜨는 남성이 더러 있지만 그것은 우연한 기적일 뿐, 그조차 성인지적인 결핍에서 완전히 벗어나기 어렵다. 남성 인권운동가의 성추행은 다분히 구조적이다. 또한 그 예외적인 존재들은 자신이 도달한 지고지순해 보이는 인식을 재현할지언정 생물학적인 성장기를 복기하는 법이 결코 없다.

이 책은 한국사회에 처음 제출되는 남성 몽정기의 오답노트다. 이은용은 자신의 시행착오 과정을 웅변하지 않고 사뿐하게 고백함으로써 우리 사회의 거대한 공백을 자연스럽게 드러내고, 덤으로 그 공백의 일부를 채운다. 자신의 남성 혈육에게 가르치려 들지 않고 다만 술회하는 것은 형식적인 채용이 아니라 내용이 숙성해낸 결과다. 남성연대가 조폭 같은 위계가 아니라 수평적인 소통이어야 한다는 메시지이기도 하다. 지은이는 낮게 속삭이지만 매우 급진적이다.

한겨레 디지털 부문장 겸 총괄기획 에디터 **안영춘** 기자

이번에 책 하나 썼는데 한번 봐주게 하길래, 그러마 하고 받은 책 내용이 @#$&&*$%#. 그래 우리 솔직하게 이런 얘기 녀석들에게 해주는 게 먼저다 싶다.
나는 이만큼 쓸 자신 없으니, 그냥 이 책으로 대신하련다.

블로터 대표 **김상범**

얽매임 없되
  곱고 바른
새 몸짓
새 숨

한집에 같이 사는 벗에게 들려주고픈 얘기였습니다. 벗은 내 유전자 반을 품고 2001년 세상에 나왔죠. 아들입니다. 이제 열여덟 살. 벗은 지금 삶 가운데 아마도 가장 꽃다울 때를 지나는 듯해요. 아장아장하던 녀석이 어느새 아빠와 비슷한 덩치가 된 터라 흐뭇하고 살짝 놀랍기도 한 요즈음입니다.

　벗을 가만 바라보며 내 꽃다웠던 때를 되짚어 보다가 이른바 '18 · 19금' 얘기를 들려주기로 마음 다졌어요. 요즘엔 '19금'이라 일컫지만 나 어릴 땐 '18금'이었죠. 그때나 지금이나 '금(禁)'은 하지 말라는 뜻이지만 되레 "넘어야 할 금(선)"이라 소리치는 것 같습니다. 사람 눈길 더 끄는 금줄. 특히 '18 · 19금 영화'는 뭔가 놀랍고 재미있는 걸 품고 있을 성싶은 낌이었죠. 들여다보기도 쉬웠고요. 하나둘 쌓이다 보니 좋은 영화는 좋은 대로 나쁜 건 나쁜 대로 나를 가르쳤습니다. 아름다운 몸짓과 몹쓸 짓을 알아보게 했죠.

벗에게 건넬 이 책 속 영화도 그랬습니다. 내 가슴에 때론 예쁘게, 이따금 고약하게 내려앉은 그림. 쉬 마음 달뜨고 한번 북받쳐 일어나면 끝 모르게 뜨거워지던 내 가슴속 이야기. 누군가 제대로 말해 주거나 일러 주지 않아 이리저리 헤매다가 불현듯 맞닥뜨려 어찌할 바 몰랐던 몸 뜨거움. 몸짓 서툰 바람에 가슴 깊게 저민 한숨까지.

내 젊은 날 몸에 닿거나 마음 건드린 여러 일을 되짚어 보니 두근두근 달콤했으되 많이 아쉽고 시큼했죠. 뭘 어찌할 바 모른 채 그저 맞닥뜨린 대로 느끼고 놀라며 부끄러웠던 겁니다. 이리저리 부딪치며 조금씩 올바른 몸짓 알아 갔으되 나는 스물여섯 살 되도록 콘돔 하나 미리 갖출 생각을 하지 못했어요. 참으로 딱한 일이었죠.

언젠가 벗에게 "조심히 다가가고 콘돔 준비해 예의 바르게 마음 쓰는 사랑"을 말해 주긴 했습니다. 말이 천천히 잘 스며들도록 애쓰긴 했지만 아무것도 깔지 않은 땅바닥에 머리 부딪는 느낌을 주지나 않았을까 한걱정. 하여 탁자에 앉아 달고 시큼했던 내 가슴속 '18·19금'을 손가락 끝 자판에 옮겨 보기 시작했어요.

곰곰 도닥도닥 손가락 끝으로 '내가 사람에게 다가가며 뭘 느끼고 어찌 움직였는지' 더듬어 봤죠. 솔직하되 왜 예의 바르게 천천히 다가서야 하는지. 사람을 만날 때 왜 차별 없이 고르고 한결같아야 하는지. 남자가 더 나으니 그들이 바라는 것에 맞춰야 한다는 생각 따위를 왜 버려야 하는지.

부끄럽지만 나는 사실 '남자로 태어나 다행'이라 생각했습니다. 세상이 남자가 살기에 더 이롭게 흘러온 게 꽤나 묵었잖아요. 그 흐름 안에 자리 잡고 큰 걱정 없이 살았죠. 사내답게(?) 욕하거나 거침없이 움직인 삶. 깜깜한 밤 뒤따라오는 사람 발걸음 소리가 크게 두렵지 않은 삶. 여성과 남자가 함께 쓰는 화장실에 갈 때 '내가 죽을 수도 있다'는 두려움을 갖지 않아도 되는 삶. 모두 여성과 남자 사이 삶 둘레가 두루 고르고 판판하지 않았음을 잘 보여 주죠.

바꿀 때 됐습니다. 오랫동안 '남자로 태어나 다행'인 삶을 산 사람들이 '여성이어서 거북하거나 괴로운 게 무엇인지'를 잘 안 뒤 조심히 말하고 움직여야 할 때라는 뜻. 이미 늦었죠. 더 늦기 전에 빨리 시작합시다.

얽매임 없되 곱고 바른 새 몸짓 새 숨. 새로 가다듬읍시다. 즐겁고 예쁘며 누구나에게 평평한 삶 위해.

2018년 봄
쉰 아빠가 열여덟 아들에게

차례

추천사. 남성 몽정기의 오답 노트 • 4

머리말. 얽매임 없되 곱고 바른 새 몸짓 새 숨 • 6

1장	몸	
	평등 열쇳말	
무릎	**순결**(純潔)	• 14
넓적다리	**성폭력**(性暴力)	• 26
엉덩이	**샬미투**(#MeToo)	• 36
눈	**캣콜링**(catcalling)	• 44
발	**모계사회**(母系社會)	• 52
손	**강간**(强姦)	• 58
입	**마초**(macho)	• 66
가슴	**타임스 업**(Time's Up)	• 74
생식기	**존중**(尊重)	• 82

2장   **몸짓**

평등 열첫말

자위	**동성애(同性愛)**	• 92
포르노	**섹시(sexy)**	• 98
숨	**핑크(pink)**	• 104
컵	**스토킹(stalking)**	• 112
골목	**설거지**	• 118
처음	**걸레질**	• 126
입맞춤	**명절(名節) 놓기**	• 134

참고 문헌 • 141

1

몸

무릎

"영화관 안 어둠에 쉬 몸 묻었다. 매표창구로 가기에 앞서 두어 번 영화관 건물을 끼고 돌며 학생주임 자취 같은 걸 미리 살피지도 않았고. 친구 넷이 매표창구에 다가가 '네 장이요!' 음. 표를 받아 들고는 천천히 걸어 그걸 문지기에게 건넸지. 거리낄 게 없었어. 목젖 당겨 어른스런 울림을 내거나 여덟팔자걸음을 꾸며 걷지도 않았고. 1981년 삼월 중학생이 된 뒤 1987년 이월 고등학교를 마칠 때까지 6년 동안 '18금' 영화를 보다가 글쎄, 다니던 학교나 다른 학교 학생주임에게 걸려 꾸중 좀 들었다는 얘기가 가끔 들리는 듯도 했으되 그게 무슨 정학 사건이나 퇴학 사고로 이어지진 않았다. '걸렸다'더라는 뜬소문에 솔깃했지만 그야말로 뜬구름처럼 금세 흩어지고 말았던 거야. 그런 일이 정말 있긴 했는지조차 알 수 없어 그대로 믿지 못했지. 내 '나이에 걸맞지 않을 거'라는 '18금' 영화를 보며 가슴 조금 졸였으되 애를 태울 정도는 아니었다는 얘기야. 학생주임 만나면, 다른 학교 선생에게라도 잡히면… '어쩔 수 없지, 뭐' 했다. 걸리지 않을 거라는, 잡혀도 큰 문제없을 거라는 느낌. 밑도 끝도 없이. 친구 셋과 나는 보고픈 영화를 보러 마음 내키는 대로 영화관에 갔어. '18금'이면 더욱 재미있기를 바라며."

전두환 패거리가 제 몹쓸 짓으로부터 사람들 눈길 돌려 놓으려 열어 둔 '3 에스(S)—섹스(Sex) 스포츠(Sports) 스크린 (Screen)—덫' 때문이었을 터. 나는, 또 친구 셋은 큰 어려움 없이 1984년 가을 어느 날 전주 제일극장에 들어가 다른 영화관에서 상영을 끝낸 뒤 다시 개봉한 〈무릎과 무릎 사이〉에 숨죽였습니다. 그때 제일극장은 전주 시내 다른 개봉관보다 시설이 조금 뒤떨어져 철 지난 영화를 걸었기에 사람 드물 때가 많았죠. 열예닐곱 된 사람이 '18금' 보러 숨어들기에 안성맞춤이었던 것.

열여섯. 고등학교 1학년. 나는 어둠에 몸 묻은 채 배우 이보희 무릎을, 젖가슴을, 살짝 벌어진 빨간 입술과 그 안 하얀 이 따위를 하나하나 뇌리에 찍어 낼 때마다 관람석 아래로 점점 가라앉았습니다. 등받이 없는 의자였다면 진즉 뒤로 넘어졌을 것이요, 누군가 그 꼴을 따로 찍어 뒀다면 두 볼 붉게 익어 낯 못 들 성싶어요.

무릎에 닿는 남자 손 때문에 금세 숨 가빠지는 배우. 이상하고 색다른 자극. 왜? 나는 그 까닭을 고스란히 알지 못했죠. 사실은 도무지 모를 일이었습니다. 뇌리에 찍힌 이보희 몸과 무릎과 입술과 새하얀 이가 엉킨 듯 어지러이 춤췄을 뿐. 꺼드럭거리며 욕 내뱉는 친구에게 제대로 맞장구를 놓지도 못했고.

세상 모든 이가 무릎에 손 좀 닿았다고 그리 빨리 숨 가빠지나요? 쓰다듬어 만지면 즐거움을 느끼는 곳이 몸 여기저기에 있다고는 들었는데 무릎이? 살짝 닿기만 해도? 음. 그럴 수 없는 걸 나는 마땅히 알았습니다. 열여섯 해 삶만으로도 그 정도는 느낄 수 있었으니까. 눈에 여러 그림이 익숙할 무렵부터 입술에 입술을 포개거나 가슴 어루만지는 움직임 사이로 '이 사람 숨 가빠졌구나' 싶은 걸 어디 한두 번 느꼈어야 말이죠. 하여 이장호 감독이 그린 〈무릎과 무릎 사이〉는 내 머리를 매우 세게 때렸습니다. 입술이나 가슴 같은 곳이 아니고 무릎이라니. 이상하고 묘했어요. 궁금했고. 음. '내 삶에 금세 꿈틀대는 무릎 가진 이가 나타날까. 설마. 세상에 그런 사람이 있을 리야.'

이장호 감독. 우렁우렁 그 사람 가슴을 휘돌아 나온 듯한 말소리와 웃음이 내 뒤통수에 닿았습니다. 1997년 이른 여름 어느 날. 그가 제1회 부천국제판타스틱영화제를 널리 알려 달라며 내가 땀 흘리던 신문사에 찾아왔죠. 영화제 집행위원장을 맡아 "여기저기 돌아다닌다", "좋은 영화들 많이 걸릴 거고 한국에 이런 영화제도 하나쯤 있어야" 하니 "잘 좀 소개해 달라"는 정도로 그가 말한 듯싶어요.

1997년 팔월 28일 자 그 신문에 실린 〈제1회 부천 국제 판타스틱 영화제 29일 화려한 개막〉 기사를 내가 쓴 것으로 확인됐습니다. '어, 내가 썼네… 그럼 그날 이장호 감독 말소리와 웃음이 내 뒤통수가 아니라 얼굴에 바로 닿았던 건가.' 이상했죠. 내겐 그와 눈 마주하고 이야기를 나눈 기억이 없으니. 그가 신문사에 왔고, 우렁우렁했으며, 내가 기사를 썼음에도 왜 그와 마주한 게 떠오르지 않는 걸까. 다만 내 뒤통수에 닿은 그의 울림 큰 말소리와 웃는 옆얼굴을 기억했습니다. 내 자리에 앉은 채 고개 한두 번 돌려 듣고 바라본 모습만 남은 거죠. 선배 기자 몇몇과 이야기하던 이장호 감독 얼굴이 떠오를 뿐. 내가 나중에라도 한자리에 앉긴 했는지 제대로 되새김하기 어렵습니다.

스물여덟 살. 3년 차 신문기자. 나는 이장호 감독에게 이보희 '무릎'에 대해 묻지 못했어요. 물을 틈 없더라는 핑계 솟았으되 사실 뭘 물어야 할지도 몰랐죠. 하긴 열여섯 살이던 1984년으로부터 12년이 흐른 1997년까지 '금세 꿈틀대는 무릎 가진 이'를 만난 적 없는데 뭘 어찌 물을 수 있었으랴. 그때 '무릎'은 내게 여전히 멀었습니다.

"뭐여, 그냥 무릎이여?"
키득키득. 네댓 줄 뒷자리에서 튀어 나온 한 아저씨의 헛웃음 섞인 푸념에 친구 넷이 함께 웃었습니다. 영화 제목처럼 '무릎과 무릎 사이' 안쪽 깊은 곳을 더 내보이거나 그곳을 건드려야 하는 것 아니냐는 뜻. '18금'에 걸맞을 만한 바를 제대로 보지 못한 못마땅함으로 들렸죠. 덕분에 어둠 속 놀라운 그림에 바짝 움츠렸던 나, 또 친구 셋이 숨을 텄습니다. 나는 그제야 두 다리와 허리에 힘줘 등으로 등받이를 조금 밀었어요. 그리 몸을 끌어올려 눈길을 얼마간 높인 만큼 뜨겁던 낯도 식었고.

무릎. 어릴 때 무릎에 남겨진 '자영(이보희)'의 잊지 못할 마음 안 상처. 그게 손만 대면 툭 터져 가쁜 숨 치솟는다니 이 무슨 괴상야릇함인가. 즐거워 가쁜 숨 터진 게 아니고 상처 짓이겨져 괴로워하는데. 이 무슨 터무니없음이요, 괴롭힘인가. 마땅히 이상했습니다. 어이없다 느꼈고.

나는 그러나 1984년 가을 〈무릎과 무릎 사이〉를 본 뒤로 '그게 무릎일 확률은 매우 낮겠지만 사람 몸 어딘가 쉬 느껴지는 곳이 있긴 있나 봐' 하는 생각에 오랫동안 눌렸어요. 비슷한 그림 안에 내가 놓이면 나는 어디를 어떻게 건드려야 할까. 설마 그게 무릎일 리야. 그 어디를 어찌 알아낼 수 있을까.

몰랐습니다. 〈무릎과 무릎 사이〉에 더해 가끔 주워듣거나 뜻하지 않게 들여다보게 된 이런저런 것만으로는 마땅히 알기 어려웠죠. 겪어 본 적? 없었고요. 1997년 뜻밖에 이장호 감독을 본 스물여덟 번째 가을까지도 나는 '제대로' 겪지 못했습니다. 어쩌면 여태 제대로 알지 못할 수 있겠고.

누구도 내게 '사랑하는 사람 제대로 어루만지는 걸' 말해 주지 않았기에 나는 조금씩 ─ 매우 조심히 만져 보려 했으되 뛰는 가슴을 주체하지 못한 나머지 대개는 거칠게 ─ 겪은 듯 아닌 듯했습니다. 사랑하는 사람 몸 어루만지려 손길 내밀기에 앞서 뭘 어찌해야 할지도 몰랐죠.

"본인보다는 오히려 우리 사회의 잘못이 많습니다. 우리 한국인에겐 맞지 않는 서구식 생각이나 생활 때문에 우리 모두 열병을 앓고 있는 거죠. 이제 지나간 악몽일랑은 모두 잊어버리시고 앞으로는 따님의 정신적인 순결을 높이 사 주셔야겠습니다."

〈무릎과 무릎 사이〉 속 서울강남성모병원 신경정신과 조승호 박사 말. 이장호 감독이었죠. 시나리오를 쓰고 연출한 그가 '조승호'가 되어 카메라 앞에 선 채 생뚱맞게도 '한국 사회의 잘못'과 '한국인에게 찾아온 열병'을 내민 것.

이 감독은 그 몇 마디 말로 넉넉하다 여겼을까요. '한국인에겐 맞지 않는 서구식 생각이나 생활 때문에' 자영의 동생이 춤에 매달렸고, 자영 아버지가 다른 이와 결혼하는 시앗을 밀어줬으며, 자영이가 어릴 때부터 여러 놈에게 거듭 겁탈을 당했다는 얘기인데. 설마 그 괴이하고 이상한 장면 모두를 '서구식 생각이나 생활'이 부른 '열병' 따위로 잘 알아서 받아들일 만하다는 걸까요. 무릎까지? 그럴 리야. 이장호 감독의 몇 마디 말로는 도무지 모자랐습니다. 우습게도 자영이가 숲속 자동차 안에서 억지로 몸을 빼앗길 때엔 무릎에 나쁜 놈 손이 아예 닿지도 않았죠. 아하, 무릎 때문에 쉬 숨 가빠졌던 자영이가 몹쓸 짓 많이 당하다 보니 '무릎과 무릎 사이 안쪽으로' 느낌을 옮겨 간 것이라 봐야 할까요. 그 한 장면에서만?

음. 무릎이 아니었겠죠. 아닌 걸 알겠습니다. 그저 색다른 자극으로 관람객 눈길 끌고 '야하다!'는 입소문으로 다른 관객까지 영화 보러 오라 꾀려는 것쯤에 지나지 않았던 걸 느끼겠더군요. '한국인에겐 맞지 않는 서구식 생각이나 생활 때문에'로는 도무지 덮을 수 없을 만큼 무릎에 닿는 손과 숨이 너무 가빴습니다. "앞으로는 따님의 정신적인 순결을 높이 사 주셔야겠습니다"라니……. 사람 참 허둥지둥. 무릎에 닿는 손길에 곧바로 숨 가빠진 모습을 '정신적인 순결'에 이어내야 한다는 얘긴가.

엉망이었습니다. 오랫동안 '무릎'에 얽힌 내 생각. 갈피를 잡느라 꽤 긴 시간 흘렀고. 나는 이제야 겨우 '무릎'과 〈무릎과 무릎 사이〉가 어수선했다는 걸 잘 알겠어요. 무릎에 마음 묶일 내가 아님을 느꼈고, 무릎에 곧바로 숨 가빠질 사람 거의 없을 것도 알았죠.

음. 나는 이제 어처구니없어 무릎을 바라보지 않아요.

순결(純潔)

'깨끗함'이란 뜻에 '남자와 몸으로 맺은 적이 아직 없음'을 얽어
세상 여성을 오랫동안 묶어 둔 말. 갈라져 터지면 다시 생겨나지
않는다는 '처녀막'을 이 말에 잇대어 이죽거린 남자가 한둘이
아니었던 나머지 수많은 여성이 괴롭고 아팠습니다. 처녀막이
있는지를 살피는 몹쓸 짓이 있었고, 막이 터진 뒤 흐르는 피를 두고
'꽃'이라 부르며 아집을 이룬 남자들은 웃었죠. 이런 흐름 때문에
처녀막을 다시 만들어 준다는 돈벌이 수술이 나오기도 했습니다.
모두 어이없는 일이었죠. 처녀막은 운동을 많이 하거나 자전거를
타다가도 갈라질 수 있을 만큼 여린 것이어서 이른바 '숫처녀'임을
따져 밝힐 기준이 아니기 때문. 남자가 세상을 지배하기 시작한 뒤
생겨난 옛 찌꺼기입니다. 버릴 때 됐어요.
'처녀막'은 이슬람을 포함한 중세 유럽으로부터 힘센 남자와
짓눌린 여성이 차곡차곡 다져 온 몹쓸 낱말이죠. 한국
표준국어대사전에도 '처녀의 질 구멍을 부분적으로 닫고 있는,
막으로 된 주름 또는 구멍이 난 막. 파열되면 재생이 되지

않는다'고 풀이해 됐을 만큼 세상에 넓고 깊게 내려앉았어요.

음. 실제로는 여성 몸 길 – 질(膣) – 아래쪽 어귀를 조금 가리거나 아예 덮는 주름을 말할 뿐입니다. 막처럼 생긴 섬유조직인데요. 섬유(纖維). 말 그대로 '단백질 실'로 짜인 막 비슷한 주름인 거죠. 몸 안에서 어떤 구실을 하는지 제대로 밝혀지지도 않았습니다. 그걸 두고 '순결'한 사람인지를 가르려 했으니 참으로 어이없는 노릇. 오죽했으면 손경이 성폭력 예방 강사가 2018년 사월 4일 tvN 〈어쩌다 어른〉에서 "처녀막은 어디에도 없다"고 말했겠습니까. 그는 '처녀막'을 두고 "니(네)가 처녀인지 아닌지 구분하겠다"며 "남성 중심으로 만든 단어"로 풀어냈죠. 사실은 그저 '질근육'일 뿐이라고 덧붙이기도 했어요. 네, 옳습니다. 제대로 아는 것 없이 남자를 가운데 둔 채 우악스럽게 나쁜 말 빚어낸 잘못. 함께 돌이켜 보고, 함께 버립시다.

모든 이가 똑같이 느낀 건 아니겠지만 한국 남자 여럿에게 영화 〈클래식〉 속 주희(손예진)는 이른바 '순수한 사랑' 본보기였죠. 두 갈래로 곱게 땋아 내려 빗장뼈 위 까만 교복에 놓인 머리카락, 화장하지 않아 더 고운 얼굴, 착하고 여린 마음씨, 오직 한 사람을 그리워한 것 따위. 그런 주희와 예쁜 편지 주고받으며 사랑한 준하(조승우) 모습 위에 자신을 은근히 비춰 본 한국 남자 참 많았을 텐데요. '깨끗함'과 '처녀막'과 '숫처녀' 따위를 버무린 덫에라도 걸린 양 많은 한국 남자가 오랫동안 헛된 생각에서 헤어나지 못한

탓에 수많은 여성 발목에 '순결' 쇠사슬이 채워진 것이라고 나는
봅니다.

세상 사랑이 어디 다 〈클래식〉 같던가요. 아니죠. 사람 사는
곳 사랑은 영화 〈오! 수정〉에 더 가까울 겁니다. 수정(이은주)과
영수(문성근)와 재훈(정보석)이 서로 마음 건드려 가며 조금씩 밀고
당기는 거. 거짓말 섞어 가며 사람 사로잡아 두려는 수정과 영수,
"처음(숫처녀)"이라는 수정이 말에 귀가 쏠려 꾸준히 치근대고
매달리는 재훈이가 우리에게 더 익숙한 모습이지 않던가요.
〈오! 수정〉을 비롯한 홍상수 감독 영화를 시(詩)처럼 들여다보는
사람 많죠. 나는 어디선가 늘 본 성싶은 수정과 영수와 재훈이
덕에 낯 붉혀 가며 가만히 웃습니다. 진짜 사람 이야기 같거든요.
낯부끄러워 감추고 싶고, 하여 꼭 바꿔 나가야 할 사람 사는 곳
사랑 얘기.

넓적다리

"여기, 오빠 무릎에 앉을래?"

아이. 초등학교 사오 학년쯤 됐을까. 버스 뒤쪽 내 앞자리 등받이 모서리에 깍지 낀 손 올려놓고 턱 괬죠. 일요일 오후 전주(全州) 가는 버스는 앞서 거쳐 지난 진안(鎭安)에서 설 자리에까지 사람으로 꽉 들어찼고, 앞뒤 옆 여러 사람 명치께와 등허리에 떠밀린 아이는 내 앞자리 등받이에 그리 매달려 전주 가는 길 굽어 꺾이는 쪽에 맞서 몸무게를 이리, 저리 옮겨 냈습니다. 애처로워. 나는 아이에게 내 무릎에 앉으라 했죠.

열다섯. 중학교 3학년. 나는 어느 가을날 토요일 오후 전주에서 무주(茂朱)로 갔다가 이튿날 오후 홀로 되돌아가는 버스 안 두 시간 반쯤이 늘 힘겨웠어요. 가끔 멀미했고. 구불구불 이리저리 굽은 길. 아이에게 내 자리 내주고 앞뒤 옆 사람 등살에 끼고프진 않았습니다. 나도 나름 어렸기에.

나는 다만 내 자리 하나를 둘로 쓰려 했죠. 그 무렵 많은 사람이 그리하던 것처럼. 많은 사람이, 차 안에 자리 없이 서 있던 어린 나를 보고는 애처로운 눈길과 함께 두 손으로 자기 두 넓적다리 짚으며 "여기 앉을래?"라고 말했듯.

두 주먹 쥔 것이나 마찬가지밖에 안 될 사람 무릎에 아이가 어찌 편히 앉을 수 있으리까. 그건 사실 넓적다리였죠. 음. 미안한 마음 드는지 머뭇거리는 아이에게 나는 웃으며 "괜찮아"라고 말했습니다. 웃음에 '미안해할 것 조금도 없다'는 마음 담았고. '너 혼자서 전주로 가는 것 보니 집 떠나 학교 다니는 모양이로구나, 오빠도 너만 할 때부터 그랬다' 하는 눈길까지 곁들여. 나는 가지런히 모아 붙인 내 넓적다리에 아이를 앉혔고 곧 잠들었어요.

모래재. 무주에서 진안 지나 전주 가던 옛길 끝자락 높은 고개. 이리저리 구부러진 게 구렁이 늘어진 성싶은 곳. 멀미 날 때 가장 어지러웠던 그 길이 까무룩 잠에 빠진 나를 흔들었습니다. 더 자고 싶었기에 눈을 뜨진 않았죠.

'어… 왜 이러지.'

눈을 뜰 수 없었습니다. 이리 구불 저리 구불 길 따라 꺾이다 그리 됐을까. 내 넓적다리에 닿은 아이 몸이 뜨거웠어요. 내가 잠에서 놓여났다는 걸 느낀 듯 아이가 굳더니 엉거주춤. 나도 굳고.

어떡해. 어쩌나. 이를 어쩌지. 아이를 일으켜 세우거나 자리를 내주고 내가 일어서야겠다고 생각할 겨를이 없었습니다. 머릿속 텅 빈 채 몸 굳었고. 눈 질끈.

모래재. 몸 굳은 아이와 나를 더 힘겹게 했습니다. 둘을 이리, 저리 흔들어 두 몸이 닿게 하니 깜짝 놀라 다시 엉거주춤. 또다시. 또. 아이 몸이 더욱 뜨거워졌어요. 아. 나는, 진땀이. 온몸으로.

"어… 그래, 잘…."

아이는 "고맙습니다. 안녕히 가세요"라며 고개를 꾸벅이고 떠나갔습니다. 붉어진 얼굴로. 내게 눈도 맞추지 못한 채. 그 무렵 많은 사람이 주고받던 '무릎에 앉아 올 수 있게 해주셔서 고맙다'는 인사치레. 나는 흔히 있을 '조심히 잘 살펴 가'라는 인사말조차 제대로 잇대어 내지 못했죠.

아이 떠난 뒤. 나는. 부끄럽고… 미안하고… 부끄럽고 또 미안했습니다. '내가 자리를 넘겨주고 일어났어야 했나. 그럼 아이가 더 부끄러워했을까. 혹시 아이를 다시 만나게 되면 어쩌나.' 음. 그리고는 '몸, 그곳이 뜨거워지는구나. 뭘 어찌할 수 없게 더 뜨거워질 수도 있겠네. 몹시 뜨거워져 뭘 어찌할 수 없게 될 수도 있겠고.' 나는 어렸어요.

"성당 신부가 의자에 앉은 채 자기 허벅지에 중학생 연미를 앉혀. 사진 찍히려고. 신부가 허벅지 위 연미를 뒤에서 가만히 안아. 좀 더 좋은 모습으로 찍히려고. 신부와 연미 입가엔 흐뭇한 웃음. 좀 더 예쁘게 찍히려고. 두 사람 정 두터운 걸 한눈에 알 수 있지."

영화 〈콘돌은 날아간다〉 속 신부(조재현)와 연미(유연미)가 사진 찍을 때. 나는 마음이 꺼칠꺼칠했어요. '저건 아닌데…

저래선 안 되는데.' 영화 안에서 두 사람 사진을 찍어 주던 친구도 같은 마음인 듯했죠.

두렵고 무서운 영화였습니다. 신부가 자기 허벅지에 연미를 앉힌 채 사진 찍을 때로부터.

열여섯. 고등학교 1학년. 이른 봄날 토요일 오후 전주에서 무주 가려 진안고원에 오르는 옛길 들머리. 모래재. 길이 그 어디 바뀌었으랴. 이리 구불 저리 구불. 두 시간쯤 더 달려갈 길 어귀 모래재는 늘 잘 넘어야 할 고비였습니다. 그곳에서 어지러우면 내내 멀미했고, 몸 가벼우면 내내 즐거웠죠. 내 살던 곳 어머니 아버지께 가는 길이었으니까.

토요일. 낮 12시까지 일한 뒤 오후를 새로 연 사람들로 버스는 또 꽉 찼습니다. 빈자리 살피며 내가 앉은 곳까지 걸어 들어온 한 사람. 어른―지금 곰곰 되짚어 보면 서른 언저리일 듯한. 고불거린 긴 머리. 나와 가벼운 눈 마주침. 서로 눈길 찾아 닿은 건 아니었고. 한 사람이 모르는 다른 사람을 처음 볼 때 한두 번쯤 닿았다 떨어지고는 하는 짧은 마주침일 밖에. 더할 것 뺄 것 없이 딱 그랬는데.

'어… 왜 이러지.'

내 몸 굳었습니다. 내가 앉은 자리 등받이를 껴안듯 한 채 자기 명치께를 기댄 그 어른 넓적다리가 모래재 굽은 대로 내 오른쪽 어깨에 닿았다 떨어졌다 한 것은… 뭐, 그럴 수 있겠지 싶었는데. 이리 구부러질 때 왼쪽 넓적다리, 저리 구부러질 때 오른쪽. 그 사이도 스치듯 내 어깨에 닿았다 떨어지고. 또다시. 또. 그 어른 몸이 더욱 뜨거워졌어요. 아. 나는, 진땀이. 온몸으로.

그 어른 넓적다리 움직임이 달라졌습니다. 모래재 길 따라 왼쪽 오른쪽으로 흐르지 않고 내 어깨를 조이듯 긴 채 부르르 떨더니 조심스레 천천히 위… 아래로. 어른 살 떨림은 내 어깨에 머물지 않고 머릿속까지 하얗게 흔들었죠.

"아가씨, 어디 아파요? 얼굴이……. 어디 좀 앉을래요?"

버스 안 가까운 곳에 서 있던 한 아저씨가 걱정스레 물었어요. 긴 머리 그 어른께. 멀미라도 하는 줄 알았던 모양이죠.

"아니… 괜찮아요. ……멀미하나 봐요."

놀랐을까. 목울대에 막혔다 터진 듯 잠기고 성긴 대답. 뜨거운 몸 꿀꺽 삼킨 뒤 뱉는 성싶은 콧숨.

얼마 지나지 않아 기어이. 입안에 붙들어 둘 수 없는—도저히 참지 못한 듯싶은—앓는 소리 '아!'가 짧게 터져 나왔습니다. 그 어른 입에서.

나는 얼굴이 화끈 달아오르거나 하지 않았어요. 되레 새하얗게 핏기 잃은 낯빛이었을 듯. 뭘 어찌할 줄 모르고 고개 숙인 채 '얼굴 근육이 뼈에 붙어 뻣뻣해질 때가 있구나. 피가 제대로 흐르지 않기 때문인가.' 나는 숨도 가빠지지 않았죠. 되레 새하얗게 핏기 잃은 새가슴 폐였을 듯.

진안. 창밖에 말 귀처럼 생긴 마이산(馬耳山) 있는 동네. 전주에서 모래재 넘어 버스가 처음 멈춘 곳. 차 안 사람 성겨지고 앉을 자리 드문드문해지자 그 어른은 내 앉은 자리 뒤쪽으로 사라졌습니다.

장계(長溪). 전주에서 진안 지나 무주로 갈 때 버스가 두 번째 멈춘 동네. 그 어른이 차에서 내린 곳. 그 어른, 내 앉은 자리 지나쳐 내릴 문 쪽으로 걸음 옮기다가 멈춰 서더니 돌아봤습니다. 한동안 나를. '뭐야, 따라 내리라는 건가.' 음. '따라 내려야 하는 건가.'

열여섯 살. 나는 작았으되 여리지 않았습니다. 익지도 않았고. 진안에서 장계로 달린 사이 숨 트고 몸 풀었죠. 새롭고 색달랐으며 뜨거웠던 사람 넓적다리 사이 느낌을 곰곰 머리에 새겼고. 그날은 그것으로 끝일 줄 알았는데 그 어른이 장계에서 내게 '따라 내리라' 눈빛 주니 나는 '어쩌나' 다시 몸 굳었습니다. 잘된 건 내 얼굴에 핏기 있어 발그레한 채 고개 숙인 것으로 마무리. 내 삶 내 어깨에 가장 놀랍게 닿은 사람 몸. 뜨거움.

내 삶에 같은 일 또 일어나지 않았지만 나는 그때 매우 잘 배웠어요. 그 어른이 나를 거칠고 사납게 억누른 것. 그리 짓밟는 건 성폭력이라고. 누군가 바라지 않는 일을 겪거나 입게 해선 안 된다고. 더구나 삶 덜 여문 열여섯 살짜리를?

음. 에이, 나쁜. 몹쓸. 고약한.

성폭력(性暴力)

힘으로 다른 사람 몸과 마음을 억눌러 제 욕심 채우는 몹쓸 짓.
힘센 남자가 여린 여성을 내리누르거나 때려가며 제 욕심 채운
것을 주로 일컫습니다. 생식기를 억지로 밀어 넣는 짓은 물론이고
여성을 벽 같은 곳에 밀어붙인 채 입을 맞추거나 몸을 만지는
것도 매한가지. 모두 하지 말아야 할 짓이죠. 가끔 누군가에게,
특히 여성에게 힘으로 억눌려 업신여김을 받은 남자가 화를
삭이지 못할 때가 있는데요. 남자는 그러나 그리 바뀐 처지를
제대로 생각해 보는 힘이 크게 떨어지는 듯합니다. 반성하지 않은
채 화내거나 부끄러워 감추기 일쑤죠. 남자들이 먼저 힘과 마음
씀씀이를 바꿔야 합니다.
2018년 일월 14일 춘천지방법원에서 알림이 하나 나왔죠. 열여섯
살 된 사내아이가 열세 살에 지나지 않은 친구를 강간해 짧게는
1년 6개월, 길게는 2년 동안 징역을 살게 됐습니다. 징역(懲役)은
사람을 교도소에 가두고 노동하게 하는 벌. 자유를 빼앗는 형벌
가운데 가장 무겁죠. 울며 물리치려 한 어린 친구 몸을 억누른 채

제 욕심을 채우는 몹쓸 짓을 했다니 마땅히 짊어져야 할 벌입니다.

80시간 동안 성폭력 치료 프로그램을 따라 공부하라는 명령도

받았다는군요. 부디 새사람 되길 바랍니다.

영화배우 제인 폰다는 책 〈돌직구 성교육〉 263쪽에

"성추행(강제추행)은 성관계를 하지는 않더라도 가슴이나 엉덩이,

생식기 등을 만지는 것을 포함해서 성적인 접촉을 강요하는

것이다. 당연히 법에 어긋나는 행위다. 강간은 상대가 동의하지

않은 상태 혹은 술에 취하거나 의식을 잃은 상태에서 억지로

성관계를 맺는 것"이라고 썼더군요. 하지 말아야 할 짓이 무엇인지

뚜렷하죠. 내 몸 억눌려진 채 누군가에게 마구 짓밟힌다?

끔찍하네요. 도무지 덮을 수 없고 끝내 참을 수 없겠습니다.

엉덩이

그 사람 엉덩이가 내 궁둥이를 밀어붙였습니다. 그 사람 허리께가 내 엉덩이에 닿았고. 나는 서울 지하철 1호선 동대문역쯤부터 그 사람 허리와 엉덩이에 조금씩 밀려나 청량리역과 회기역 사이를 지날 때엔 전동차 앉는 자리와 사람 드나드는 문 사이 비좁은 곳에 몸이 끼고 말았죠. 옴짝달싹 못하게.

스물다섯. 대학 4학년. 동대문역쯤에서 그 사람 엉덩이가 처음 내 몸에 닿았을 때 나는 주춤. 선 자리에서 한 시 방향으로 내 몸을 반걸음쯤 옮겼어요. 그 사람이 기분 나빴을까 봐 미안한 마음 담아 재빨리 내 몸을 뗀 것. 내가 내 궁둥이를 그 사람 엉덩이에 일부러 닿게 한 게 아니었지만 '그 사람이 자기 실수 때문에 부끄러울 수 있으니까' 하는 마음. 한데.

'어, 뭐야, 이상하네.'

주춤주춤 물러난 내 궁둥이를 '수줍은 몸짓'으로 알았을까요. 그 사람 엉덩이가 두세 번 더 닿을 때마다 조금씩 더 움직여 내 몸을 떨어뜨렸음에도 서로 동떨어지지 않는 게 아니겠습니까. 제기동역쯤부턴 그 사람 허리와 등까지 빈틈없이 내 몸에 붙어 버렸습니다. 그 사람이 자기 엉덩이와 허리와 등을 온통 내게 기댄 꼴.

'이 사람 왜 이러지?'

대낮. 전동차 안엔 사람이 많지 않았죠. 그리 몸이 서로 붙어야 할 까닭이 없던 것. 나는 다만 사람 드나드는 문 쪽으로 눈길 둔 채 이런저런 생각에 잠겨 있었을 뿐 내 뒤에 누가 서 있는지조차 알지 못했습니다. 그게 누구인지 궁금해 돌아볼 까닭도 없었고. 그 사람 허리와 엉덩이가 내 몸에 찰싹 붙은 뒤에야 그가 함께 탄 누군가와 이야기를 주고받는구나 하고 궁둥이와 등과 귀로 느낄 수 있었죠. 음. 그 사람은 허리와 엉덩이와 등으로 내 몸을 그리 밀어붙이면서도 함께 탄 이와 끊임없이 이야기를 주고받더군요. 아주 오래전부터 아무 일 없다는 듯. 엉덩이를 왼쪽오른쪽으로 조금씩 움직이며.

회기역. 나는 도대체 무슨 일이 일어나고 있는지 생각 가다듬을 틈 없이 전동차 문 열리자마자 플랫폼에 뛰어내렸습니다. 그 사람 엉덩이에 밀려나듯. 내려선 뒤 고개 돌려 그 사람 바라봤고.

웃더군요. 그 사람. 내게로 고개 돌리진 않았지만 내가 자신을 바라보고 있는 걸 낯 옆으로 느끼며. 팔짱 낀 채. 입가엔 뜻한 바라도 이룬 양 우쭐거리며 뽐내는 게 스민 웃음. 허. 나는 어처구니없어 절로 하늘 보며 헛웃음. 전동차가 떠나려 문 막 닫혔을 때 그 사람과 마주하고 이야기 나누던 이와 내 눈길이 마주쳤는데 그가 되레 내게 미안했거나 부끄러웠는지 낯을 붉혔습니다. 무슨 일 있었는지 그가 다 지켜봤던 거죠. 자기 벗이 그런 짓을 할 것으론 생각지 못해 조금 놀랐을 수도 있겠지요.

성희롱. 내 궁둥이와 허리와 등으로 스멀스멀 버러지 지나간 듯했습니다. 음. '느낌 참 더럽구나.' 내 뜻 짓밟힌 채 놀림거리 됐으니. 음. '쓰레기에 몸 닿아 마음마저 더럽혀진 듯싶네.'

그 뒤 나는 전동차에 사람 가득 차면 되도록 타지 않았습니다. 시간에 쫓겨 할 수 없이 사람 많은 차에 타게 되면 되도록 나와 같은 성(性)을 띤 사람 사이에 서려 했고, 서로 몸 닿지 않게 조심했죠. 가방을 앞으로 메거나 끌어안은 건 말할 것도 없고. 서울에서 —어디서든— 사람 많은 탈것에 탈 땐 그리 마음 쓰는 게 마땅하니까. 같은 시대 고된 삶 함께 견디는 여러 사람에게 '더러운 느낌' 주면 안 되니까.

"엉덩이. 숨김없이 말해 눈길 자주 닿는 곳. 주체할 수
없게 빨리. 아주 잠깐이라도. 기자로 20년쯤 된 마흔여덟.
사오월 봄 한창일 때였지. 정부과천청사 방송통신위원회
취재 끝내고 남태령 되넘어 지하철 2호선 사당역 쪽으로
다가가다가 차창 밖으로 얼핏 본 아름다운 엉덩이.
사당역 3번 출구 쪽 버스 정류장에서 찻길 등진 채 친구와
이야기 나누며 서 있던 어떤 이 뒤태. 나는 '예쁘다. 어쩜,
저리 아름다울까. 도자기 같다'고 느꼈어. 그때까지

48년째 살다 본 가장 아름다운 엉덩이인 듯. 언뜻 본 것만으로도 그리 마음을 붙들렸으니 오죽 예뻤으랴. 그렇다고 차 밖으로 달려 나가 그 사람에게 '엉덩이 참 예쁘다' 말하리. 찰싹 때릴까. 꼬집으리. 깨물어? 아니, 그건 미친놈 미친 짓. 성희롱하고는 '엉덩이 돋보이게 옷 입은 여자 탓'이라 말하는 자 가끔 있던데 그건 그냥 허튼소리. 제 어머니와 누이, 제 딸 엉덩이에 손댄 자에게도 '엉덩이 돋보이게 옷 입은 여자 탓' 할까. 흥. 어림없지."

엉덩이 아름다운 사람이 옷 예쁘게 입은 덴 아무런 잘못 없습니다. 예쁘게 입어 아름다우니 '네 손으로 좀 때려 줘!' 한 적 없고. 음. 옷 탓, 옷 입은 사람 탓은 몹쓸 핑계일 뿐. 손 대면 폭력이요, 마땅히 책임질 일. 세상 그 누구도―제정신이라면―몹쓸 성희롱에 손뼉 치지 않죠. 그저 손댄 자가 이상하거나 못된 겁니다.

음. 영화 〈셰임〉에서 잠깐 스친 배우 니콜 비하리 엉덩이. 마이클 패스벤더와 침대에서 사랑 나누다 멈출 때. 아름다운 건 있는 그대로 보고 느낄 때 가장 예쁘죠. 때리고 꼬집거나 깨물어야 제 마음에 차는 게 아닙니다.

샾미투(#MeToo)

2017년 시월 16일 영화배우 알리사 밀라노가 '트윗(tweet)'으로
시작해 퍼진 성폭력 알림 운동. 누군가에게 성적으로 시달렸거나
폭행당한 적이 있다면 자기 ― 알리사 밀라노 ― 트윗에 '미 투(me
too)'로 응답하라고 쓴 뒤 널리 퍼졌습니다. 할리우드 영화 제작자
하비 와인스턴이 무려 30년 동안이나 여러 배우를 성적으로
괴롭힌 게 드러나 '샾미투'가 일어나게 했죠. 애슐리 주드, 리즈
위더스푼처럼 이름이 널리 알려진 배우가 함께해 운동에 빠르기를
더했고요. 도널드 트럼프 제45대 미국 대통령도 여러 사람을
괴롭힌 것으로 알려져 비난을 샀습니다. 언젠가 잘못한 책임을
꼭 져야겠죠. '나도 당했다'는 '샾미투'에 이어 '내가 했다'는
'샾아이디드댓(#IDidThat)'도 생겨났습니다. 쉬쉬하며 덮어 둔다고
썩던 게 멈추진 않죠. 당했을 때 "당했다"고 외쳐야 합니다. 나쁜
놈이 성희롱 같은 못된 짓 더하지 못하게.
2018년 한국. 이른바 '잘 나가던' 영화감독. 그 감독 영화에
자주 얼굴 내민 배우. 둘에게 몹쓸 짓 당한 여러 사람이 잇따라

울림 큰 목소리를 냈습니다. 그뿐인가요. 또 다른 배우, 검사, 극연출가, 시인, 도지사, 대학 교수, 국악 선생, 국회의원 들. 봇물 터지듯 쏟아져 대체 어디서 어찌 끝날지 모를 지경. 음. 힘과 뒷배에 기대어 몹쓸 짓 한 뒤 이러쿵저러쿵 핑계 내미는 여럿에게 말하렵니다. "그 입 다물라." 꾸짖겠습니다. "고개 숙이라." 울림 큰 목소리 낸 분께 말하렵니다. "고마워요." 덧붙이겠습니다. "힘내세요."

눈

"지하철 전동차 안. 뉴욕이야. 건너편에 앉은 사람을
브랜든 설리반이 바라봐. 브랜든 눈길로는 시곗바늘이
11시를 가리키는 쪽이었지. 눈 마주친 사람 얼굴엔 좋은
느낌 어린 성싶었고. 첫 눈길엔 그랬던 듯싶어. 브랜든은
몸 얼어붙기라도 한 듯 자기 눈길을 그 사람에게 붙였다.
한두 번쯤 눈길 돌려 숨 가다듬는 척하거나 작은 웃음
입에 물어 부끄러움을 묽게 하지도 않고. 쉼 없이.
눌어붙었지. '이건 지나치다'는 느낌과 '조마조마하다'는
불안과 '뒤숭숭하다'는 망설임이 그 사람 얼굴에
묻어나기 시작했다. 곧 두려움으로 바뀌었고. 내리려고
전동차 문 앞에 선 그 사람. 바싹 따라붙어 몸 붙인
브랜든. 문 열린 뒤 플랫폼을 뛰는 듯 걷는 그 사람
얼굴엔 이제 짐승에게라도 쫓기는 듯싶은 무서움 한가득.
끈질기게 따라갔으되 다른 사람들에게 치여 그 사람을
놓치고 만 브랜든. 얼굴이 한결같았다. 처음부터 끝까지.
그 사람과 흘레붙고 말겠다는 뜻 고스란했어."

　　브랜든 설리반은 영화 〈셰임〉 속 배우 마이클 패스벤더.
눈에 어린 욕심. 그 사람 몸 탐낸 짐승 눈빛. 사람 떨게 한 이
글거림. 희롱이요 폭력이었습니다. 그 사람 눈빛이 흔들리며
눈 더 마주치는 걸 거북해했을 때 눈길 거둬야 옳죠. 그 사람

이 두렵다 못해 쫓기듯 달아날 때 발길 멈추고 돌아서야 마
땅했고. 브랜든 설리반은 온종일 흘레붙는 것과 흘레붙을 생
각에 매달린 사람. 자기 눈길과 눈빛과 하는 짓이 희롱이자
폭력인 걸 알지 못했습니다. 병든 것이나 마찬가지였어요.
눈길 거둬야 할 때 거둘 줄 알아야 사람일 터.

> "댄이 걸어. 맞은편에서 앨리스도 걷지. 두 사람 눈길
> 서로 닿았다. 멀리서부터. 많은 사람 사이에서. 입가에
> 웃음 흘렀지. 서로를 향해 걸어오다 횡단보도 불빛에
> 붙들려 선 채 다시 눈 마주치지. 그때 노랫소리 들려.
> '네게서 눈을 뗄 수 없어— 아이 캔트 테이크 마이
> 아이스 오프 오브 유(I can't take my eyes off of you)'라고.
> 녹색등 됐겠지. 두 사람 다시 걸어 서로 가까워지겠구나
> 싶은데 갑자기 앨리스가 쓰러져. 음. 택시에 치인
> 거야. 댄이 놀라 달려갔고. 쓰러진 앨리스가 정신 조금
> 추스르며 고개 돌렸을 때 노랫소리 또 들려. '네게
> 빠졌어— 아이 캔트 테이크 마이 마인드 오프 유(I can't
> take my mind off you)'라고."

영화 〈클로저〉 첫 장면. 영화 속 댄(주드 로)과 앨리스(나탈리
포트만)가 처음 만났을 때. 댄은 부고 담당 기자여서 신문사로

출근하던 길이었습니다. 앨리스는 뉴욕에서 런던으로 막 건너온 스트립 댄서였고. 눈은 사람을 이렇게 잇기도 하죠. 좋은 느낌으로. 온전히 그 사람만 보며. 지금 하는 일이 무엇이든 했던 일이 뭐든 상관없이. 첫눈에 마음까지 붙들릴 수도 있고. '다른 사람 만나기 전까지는—언틸 아이 파인드 섬바디 뉴(Untill I find somebody new.)'

눈. 아름답죠. 서로 눈만 마주쳐도 거짓말처럼 품은 뜻 흐를 때가 있으니 참 놀랍기도 하고. 내게도 잊지 못할 눈 있습니다.

열여덟에서 열아홉 살로 넘어갔을 무렵. 1986년 십이월과 1987년 이월 사이. 고등학교 3학년짜리 덜 익은 머리로 대학에 가려던 때. 학교에 들어가기를 바라는 이와 그걸 들어줄 교수가 만나 보는—면접—날이었죠. 마흔여섯 명 뽑는 학과에 백 명 조금 넘게 모였던 듯싶은데. 그 많은 사람이 학교 안 중앙도서관 한 열람실에 모여 앉아 자기 면접 차례 기다리느라 고물고물했고.

저 멀리 눈. 열람실 안쪽 끝에. 믿을 수 없을 정도로 놀라운 건. 자리에 앉은 채 딱 눈만 보였죠. 얼굴이 다 보이지 않더군요. 여러 사람 사이로 내 눈과 맞닿을 수 있을 만큼만 딱 맞춰 열린 성싶은 눈길 위에 그 눈 있었습니다.

첫눈에 붙들렸다 쑥스러워 곧 떨어졌어요. 내 눈길 그쪽으로 돌아가면 그 눈 거기 꼭 있고. 다시 떼었다 궁금해 또 붙고. 낯 붉혔다 무심한 척 고개 숙이고.

보이지 않았죠. 얼굴이. 내 면접 차례가 돼 벌떡 일어섰을 때. 그쪽으로 돌아봤는데 안 보이더군요. 그 눈도. 그게 끝이었습니다. 면접한 방에서 내 차례 마치고 나왔을 땐 눈이고 사람이고 모두 이리저리 얽히고 말았죠.

'누구 눈이었을까.'

학교에 들어간 뒤 나는 그 눈부터 찾아봤습니다. 같은 학과에 모인 마흔여섯 명 가운데 열둘이 그 눈 가졌을 수 있을 것이라 생각했죠. 없었습니다. 아니, 도무지 모르겠더군요. 그 눈 있는지 없는지조차.

'그 눈이 입학 문턱을 넘지 못했을까.'

결국 그 눈과 다시 만나지 못했습니다. 1990년 사월. 군대 간 뒤 11개월 만에 첫 휴가 나온 봄날. '어쩌면 그 눈이지 않을까' 싶던 학과 친구와 만났지만 아니었죠. 썩 긴 동안 그 친구를 살폈고 그날 조심히 내 마음 건넸으되 그 사람 가슴에 닿지 않은 것. 친구는 자기를 그리 "생각해 줘 고맙다" 했으나 내게 그 말은 에두른 '싫어'로 들렸어요. 나는 며칠 뒤 군대로 되돌아갔고, 친구는 이듬해 졸업했습니다.

음. 눈은 지금도 불현듯 얽히긴 합니다. 거리나 지하철에서. 자동차 창 너머로도. 한 번. 때론 한 번에 머물지 않고 서너 번 더. 어떤 이는 움직이는 곳과 때가 엇비슷해서인지 자주 마주치다 보니 뭔가 마음이 건너오는 듯도 해 살짝 놀랐다가 아닌 성싶어 눈길 돌리고는 하죠. 눈은 참 어려워요.

캣콜링(catcalling)

운동 경기장이나 극장 같은 곳에서 뭔가 마음에 차지 않은 걸
드러낼 때 부는 날카로운 휘파람과 놀림을 길거리 여성에게 쓰는
짓. 여성 얼굴이나 몸매를 두고 놀리거나 휘파람을 불며 집적대기
때문에 사회 문제로 떠올랐죠. 성희롱이랄 수 있겠습니다. 2017년
초 네덜란드 암스테르담에 사는 노아 잔스마는 캣콜링에 시달리다
못해 자신을 괴롭힌 남자들 얼굴을 사회관계망사이트(Social
Network Site)에 터놓았는데요. 잔스마를 향한 휘파람이 흔했고
"몸매 좋다"거나 "같이 자자"는 놀림까지 있었던 것으로
알려졌습니다. 네덜란드와 프랑스는 2018년부터 캣콜링을 하지
못하게 법으로 막기로 했다죠. 길거리에서 낯선 남자가 여성 얼굴
20센터미터 안쪽으로 바싹 다가가 말하는 짓, 멈추지 않고 잇따라
쫓아가며 집적대는 짓, 전화번호 같은 걸 여러 차례 물어보는 짓
따위를 막을 것으로 전해졌습니다.
한국에서도 서울 이태원 같은 곳에서 캣콜링이 일어나 사회
문제가 될 낌새가 엿보였는데요. 경범죄 처벌법 제3조 41항

'지속적 괴롭힘'을 어기면 10만 원 이하 벌금이나 구류·과료를
물릴 수 있되, 이를 캣콜링에 맞춰 쓰기는 어려울 것으로
풀이됐습니다. '상대방의 명시적 의사에 반하여'와 '행위를 반복해
하는' 같은 괴롭힘 기준이 흐릿하기 때문. 한국에서도 캣콜링을
두고 좀 더 깊이 생각하고 이야기를 나눌 때가 된 성싶습니다. 놀림
당하면 누구나 기분 더러워지게 마련이니까요. 심지어 힘으로
으를 수 있을 남자에게 쫓기는 여성들 기분이야 더 말할 나위
있겠습니까.

발

"창밖 멀리 호수 같은 게 보이는 여관방. 물. 호수가 맞을 거야. 보경이 언젠가 한 번 와 봤다는 곳. 사과 깎아 나눠 먹은 보경과 효섭. 껴안고. 좀 이따 보경이 발이 보여. 효섭이가 손으로 그 발 들더니. 발가락을… 입에 넣어. 빨아."

영화 〈돼지가 우물에 빠진 날〉 안 효섭(김의성)과 보경(이응경)이 사랑 나누는 그림. 윽. 더러워. 어찌 그럴 수 있죠? 고린 내 날 텐데. 미리 닦기는 했겠으되 엄지발가락 발톱 아래엔 때 끼게 마련이잖아요. 이걸 아름답게 느껴야 하는 겁니까. 예쁜 배우 발가락이라서? 나는 어수선했습니다.

스물여덟. 신문 기자 2년째. 사람이 한 사람을 사랑할 때 온 마음으로 온몸을 품고는 한다지만 발가락을 빠는 건 낯설었죠. 그리해 본 적 없고. 사랑하는 사람이라면 발가락은 말할 것도 없고 발바닥일지라도 어찌 핥지 못하랴 싶겠지만, 그게 어디 생각처럼 쉬 되나요. 마음 그리 깊다 하더라도 내 눈엔—내 머리엔—발가락 빨고 발바닥 핥는 게 사랑하는 마음을 예쁜 몸짓으로 온전히 옮겨 낸 모습이라 새길 수 없었습니다. 영화 속 효섭이 보경이 발가락을 입에 넣었을 때에도 사랑 품은 몸짓으로 보이지 않았던 터라 못내 찌뿌드드했고.

사람들은 발가락을 어찌 여기는지 좀 살펴봤습니다. 음. 발에도 신경 많이 모여 있어 즐거운 느낌을 줄 수 있는 곳이라 말하는 이가 있네요. 발가락을 입에 넣고 빨거나 발 여기저기를 혀로 간질이는 걸 좋아하는 사람이 있기도 한 듯하고. 두 발바닥 사이에 남자의 바깥 생식기를 끼워 넣은 채 움직이는 걸 즐기는 사람도 있는 성싶고.

음. 그럴 수 있겠죠. 그러고 보니 그게 뭐 잘못됐다거나 이상한 것도 아니겠네요. 사랑하는 사람을 위해 발가락을 빨거나 발 여기저기를 혀로 간질여 줄 수도 있겠고, 그리해 달라 먼저 바랄 수도 있겠습니다. 그게 즐거워 즐기는 사람 사이라면 말이죠. 하지만 나는 윽. 여태 거북합니다. 사람 몸 가운데 신경 많이 모인 곳이 발뿐인 것도 아니고 말이죠.

**"알렉산드라가 탁자 밑으로 발 뻗어 발가락 끝과
발바닥으로 닉 사타구니를 더듬어. '더듬는다'는 건
잘 보이지 않는 것을 손으로 이리저리 만져 보며 찾는
거잖아. 손 아닌 발로 닉의 바깥 생식기를 찾은 거야. 놀라
어찌할 바를 모르는 닉."**

영화 〈플래시 댄스〉 속 알렉산드라(제니퍼 빌즈)는 열여덟 살. 알렉산드라가 일하는 철공소 사장인 닉(마이클 누리)은 서

른은 족히 넘었을 듯했죠. 배우 마이클 누리가 1945년생이니까 〈플래시 댄스〉를 찍었을 무렵엔 서른아홉 살이었겠습니다. 영화 속 닉이야 그보다 젊게 정해 뒀을 확률이 크니 열여덟 된 이가 서른은 족히 될 사람 살을 발로 더듬은 것. 안쪽까지.

열다섯. 중학교 3학년. 내겐 참으로 뜻밖 그림이었습니다. '저럴 수도 있나 봐. 음. 진짜 저럴 수 있을까. 음. 누군가 내 살을 갑자기 발로 더듬으면 어떡해야 하나. 놀라되 닉처럼 마지못해 웃어야 할까.' 나는 영화관 어둠 안에서 이미 지나간 장면에 계속 붙들렸죠. 웃지 못한 채. 앞뒤 옆 자리 어른과 형이나 누나뻘 될 사람 몇몇은 키득댔고.

다른 영화에서도 비슷한 장면 있었지만 〈플래시 댄스〉 속 그림이 오랫동안 잊히지 않았습니다. 말하자면 '18금 충격' 같은 것. 마흔아홉 해 넘겨 살다 보니 서너 번쯤 탁자 앞이나 옆 사람 발이 내 발과 종아리에 닿은 적 있지만 — 그 사람이 자기 발을 일부러 닿게 한 게 뚜렷해 적잖이 놀랐으되 — 그게 내 허벅지나 사타구니로 올라오진 않았죠. 그저 발과 종아리에 잠깐 머물다 곧 떨어지거나 두어 번 툭툭 차고 말았어요. 내가 발을 뒤로 빼기도 했고. 음. '이걸 언제 따로 해 봐야 할까.' 짝에게 한번 해 달라 맡겨 봐야 할까요. 여태 한 번도 말해 보지 않았지만, 그리 청한 뒤 무슨 말 듣게 될지 뻔히 알겠습니다그려. 내 남은 삶 가운덴 아마 그럴 일 없을 듯.

　그걸 심심풀이 삼아 할 수 있으려면 서로 일마나 가까워야 할까요. 내 머리엔 알맞은 답 없고, 그 누구도 제대로 답해 줄 수 없겠습니다. 오직 그리 장난할 두 사람만 알 뿐일 터. 누가 시작해 어디까지 어떻게 더듬을지도.

　음. 사람 생식기가 엄지발가락에 달렸더라면 어땠을까요. 왼쪽 오른쪽 엄지발가락에 크기가 아주 조금 다른 것 한 개씩 모두 두 개를 가진 거죠. 왼쪽 오른쪽 엄지손가락 크기가 아주 조금 다른 것처럼. 음. 서로 마음 북받쳐 '엄지발가락 성기'가 불끈 일어나거나 부드러워지면 커피나 차 놓인 탁자 밑 같은 곳에서 아주 흔히 일을 치를 수 있었겠네요. 신발도 엄지발가락 쪽이 쉬 트였다 닫히는 얼개가 됐을 테고. 발끝에 있는 다른 사람 생식기와 쉬 만나 예사로이 쓰다듬고 일 치르는 게 자연스러웠다면 마땅히 살에 성기 하나를 가진 삶보다 덜 움츠렸겠죠. 아마 많이 좋았을 겁니다. 발끝 엄지발가락 두 개가 귀중하고 요긴하니 사람마다 더욱 깨끗하게 보살펴 돌봤을 테고. 입에 넣고 빨거나 핥는 것도 아주 흔한 일이 됐겠죠. 한데 우리 생식기는 지금 엄지발가락에 있는 게 아니잖아요. 음. 나는 아무래도 내내 그리 못할 듯합니다.

모계사회(母系社會)

수천 년 전 가족 안에서 아버지 쪽 힘이 세기기 시작한 뒤
잊힌, 어머니가 한가운데인 채 핏줄을 이어 간 동아리. 사람이
유인원으로부터 나뉘어 두 발로 걷기 시작했을 무렵인 750만여
년 전부터 수천 년 전까지 약 750만 년 동안 무리를 이룬 인간들
사이에 짜인 질서였을 것으로 생각됩니다. 무려 750만 년 전부터라
수천 년을 빼든 더하든 그만그만하죠.
어머니가 한가운데였다 하여 '아빠 마음대로'인 봉건 사회
가부장제(家父長制)처럼 '엄마 마음대로'인 무리는 아니었을
겁니다. 가족이 살아남아 유전자를 뒤로 잇기 위해 나름의 구실을
맡다 보니 저절로 어머니 쪽에 무게가 쏠렸다고 봐야 할 거예요.
영화 〈플래시 댄스〉 속 알렉산드라(제니퍼 빌즈)가 탁자 밑으로 발을
뻗은 게 어쩌면 750만 년 전부터 사람 몸에 스며든 지 오래여서
매우 자연스런 몸짓일 수 있다는 뜻. 여성이 남자에게 먼저 말
걸거나 손 내민다고 별나거나 되바라지게 여길 게 없다는 얘기죠.
기분 나쁜 말이나 몸짓이 아니라면 차분히 웃으며 좀 더 주고받는
게 좋겠습니다. 기분 나쁘다면 곧바로 멈춰야 하겠고요.

손

"서지우 손. 손바닥이 은교 살에 닿고. 손가락이 은교
살 안 깊은 곳에 들어가. 움직여. 거칠게. 은교 숨 몹시
가빴고. 그걸 좋아하는 것으로 보였어."

영화 〈은교〉 안 서지우(김무열)와 한은교(김고은)가 사랑 나
눌 때. 정말 그럴까요. 아니, "아프다"거나 "싫다"는 이가 많을
겁니다. 여린 곳 안을 헤집는 거친 손가락은 폭력에 가깝지
두 사람이 함께 즐거운 몸짓이 아닐 수 있으니까.

〈은교〉 속 그 장면은 아마도 '남자 여럿이 제 욕심 채우려
그린 그림'에 지나지 않을 듯합니다. 음. 사랑하는 사람에게
하는 예쁜 몸짓이랄 수 없고, 짓밟을 물건에게나 하는 못된
짓이겠죠.

마흔넷. 2012년. 짝과 함께 영화관에서 〈은교〉를 처음 봤
습니다. 집에서 티브이로 두어 번 더 봤고. 무엇보다 배우 몸
에 어린 선이 예뻤기에. 음. '보기에 좋은 그림이었다' 할까요.
이야기가 어찌 흐르고, 그 흐름에 어떤 뜻 담겼을지엔 굳이
마음 둘 까닭이 없다고 느꼈죠. 하여 본디 작품이라는 박범
신 소설 〈은교〉를 읽어 볼 생각도 그다지 깊지 않았습니다.

나는 사실 소설 〈은교〉를 몰랐습니다. 인터넷에서 살펴보
니 2010년 오월 세상에 나왔더군요. 그해 십이월 8일에 나온
〈비즈니스〉는 알았죠. 신문에 난 책 소개 덫에 걸려 '박범신,

1부

059

나이 많은 걸로 아는데 장편 소설을 썼네' 했고, 그해 십이월 31일 밤에 마지막 쪽을 덮었습니다. 그 무렵 〈은교〉라는 소설도 썼나 보다' 했지, 그걸 따로 찾아 읽을 생각까지 하진 않았죠. 그쯤 겉핥기로 알았기에 눈에 먼저 닿은 영화 〈은교〉를 보는 데 거리낌 없었고 그려진 그림을 맘껏 즐겼어요. 소설이야 뭐, 나중에 시간 좀 나면 혹시나 읽어 볼까 하고 말았고.

마흔여덟. 2016년. 소설 볼 생각을 아예 접었습니다. 박범신 씨가 술자리에서 다른 사람 허벅지를 만지고 손을 주무른 바람에 그 사람이 '더럽고 지저분한 짓 ─추행'으로 느꼈다는 얘기가 들렸기 때문. 거참, 손을. 고약하게. 영화 〈은교〉가 만들어질 무렵 배우 김고은에게 "섹스 해 봤냐"고 물어보기도 했다는 얘기까지 들렸으니. 이젠 박범신 씨 글 모두를 읽지 말아야겠다는 다짐까지 가슴에 지르밟아 뒀네요. 꽁꽁 언 마음과 생각이 언제 풀릴 지는 나도 모르겠습니다. 그저 '더럽고 지저분하게 늙지 말자'는 마음을 새로 다질 따름이죠.

"이적요 손. 손바닥이 은교 발목에 닿을 듯 말 듯.
손가락이 은교 종아리에 머물 듯 말 듯. 종아리 지나 위로.
더 위로."

영화 〈은교〉 속 늙은 시인 이적요(박해일) 손엔 더듬이라도 달렸을까요. 은교 종아리와 허벅지에 닿지 않아도 그 위에 어린 파동 같은 걸 느끼는 더듬이. 닿더라도 솜털쯤이면 넉넉할 성싶었죠.

눈 감아도 손끝에 어린 파동과 솜털이 보였습니다. 그 느낌. 아주 작게 떨리는 손 더 흔들리지 않게 붙들어 잡으려면 숨 크게 가다듬어야 했죠. 쿵덕쿵덕 머리를 울리는 심장 소리가 손끝으로 번지지 않게 애쓰며. 이적요가 은교 허벅지를 베고 누워 눈 감은 채 손에 어릴 것 같은 느낌을 애써 삼켰듯. 나도 손끝에 어린 느낌을 눈으로 기억합니다.

> **"타일러 손. 손바닥이 로라 귀밑머리에 닿을 듯 말 듯.**
> **손가락이 로라 가슴에 머물 듯 말 듯. 가슴 아래 팔뚝**
> **위로. 잠시 머물다 제자리에."**

영화 〈360〉 속 타일러 맥그레거(벤 포스터) 손은 무섭습니다. 손이 더듬거나 잡고자 하는 곳에 여린 사람 여린 몸이 있고는 했기 때문이죠.

성범죄 때문에 보통 사람들로부터 6년 동안 동떨어졌던 타일러가 세상에 다시 나오자마자 금을 넘을 듯 말 듯 힘들어한 끝에. 그 손끝 침대에. 마침 로라(마리아 플로어)가 누워 있거든요. 술에 취해. 정신 놓기 전엔 타일러에게 "키스해 달라"고 애처롭게 바라기도 했죠.

영화 안 타일러 몸짓은 내가 미리 헤아려 짐작할 만한 그림에서 크게 벗어나지는 않았습니다. 그리되리라 여겼으되 내내 마음을 바짝 졸였죠. 갑자기 깜짝 놀랄 그림이 튀어나올 수 있으니까. 타일러 손끝에 얽힌 '탐함과 망설임'이 내 심장을 조인 거예요. 타일러가 손 뻗어 로라 가슴과 팔뚝에 스치듯 머문 느낌을 애써 삼켰듯. 나도 손끝에 어린 느낌을 눈으로 기억합니다.

이적요와 타일러 손은 착했죠. 서지우와 박범신 손은 나빴고. 세상엔 나쁜 손 참 많은 것 같습니다. 특히 더러운 느낌 주는 손.

열일곱. 고교 2학년. 시내버스가 전주 옛 도심에서 벗어나 전주천(全州川)을 따라 용머리고개를 바라고 천천히 달릴 때였습니다. 굵은 손가락 네 개가 앉아 있던 내 왼쪽 어깨에 툭 얹히더군요. 돌아봤죠. 나를 부르는 걸로 알았으니까. 음. 뒷자리에 앉은 그 손가락 주인은 열일곱 내 눈길엔 그저 낯모를 할아버지뻘이었습니다. 뭔가를 물어보려 내 어깨를 두드린 건가 싶어 '왜 그러시느냐'는 눈길 건넸죠. 아무 말 없이 웃더군요. 나는 '거참, 별일이네' 싶었지만 그 사람이 웃으니 크게 마음 두지 않고 몸 돌려 본디 앉아 있던 모습으로 돌아갔습니다. 한데 그놈 손이 쑥. 내 살으로 내려와 생식기를 부

여잡듯―턱 놓이듯―했어요.

깜짝 놀란 내 몸은 퉁겨 일어났죠. 놀란 눈길 그대로 그놈 바라봤는데 같은 웃음을 입에 물었더군요. '미친 놈!' 지금이라면 그놈 멱살이라도 들어 올렸겠지만 그때 나는 어렸습니다. 그놈 하는 짓을 처음부터 지켜본 버스 안 사람 몇몇도 그저 장난으로 여겼을 뿐이었죠. 한 아주머니는 키득대기도 했고.

나는 그 자리에서 멀찍이 물러나 등 돌린 채 창밖을 내다봤습니다. 나도 모르는 새 낯도 달아올랐더군요. 어이없이 당한 게 왠지 창피했던 거죠. 아니꼽기도 했고. 음. 그리 선채 창밖 내다보는데 '기분 참 더럽다'는 느낌 스멀스멀. '나쁜 놈!' 지금이라면 그놈 멱살 틀어쥐고 경찰서로 갔겠지만 그때 나는 어렸습니다. 그놈 같은 것들 때문에 여린 사람 여린 몸에 더러운 자국 남지요.

내 손에 똥 묻힌 채 그놈 살을 꽉 움켜쥐고 힘껏 우그러뜨렸어야 속이 시원했을 터. 세상엔 사람 몸과 마음 더럽히는 나쁜 놈 더러운 손 참 많습니다.

음. 손은 말이죠. 그때그때 여러 갈래 느낌. 살짝 닿은 것만으로 가슴 떨렸거나 내내 손잡았음에도 덤덤했거나. 내 눈길 따라 내 손끝에 닿는 떨림. 그걸 머리에. 아니, 가슴에 새긴 고운 그림. 예쁜 그림 그린 곱고 가는 붓. 손.

강간(強姦)

사람 사는 세상에서 가장 먼저 없애야 할 더러운 말. 몹쓸 짓.
사람을 더할 수 없이 슬프고 끔찍하게 짓밟기 때문입니다. 사람
몸 탐해 가지거나 누리려는 몸짓은 한번 시작하면 멈출 수 없다는
핑계는 모두 거짓말이에요. 언제든 그만둘 수 있죠. 숨 한두 번
크게 가다듬는 것만으로 넉넉합니다. "안 돼"나 "싫다"는 말 들리면
물러서세요. 그래야 마땅합니다. 힘으로 몰아붙이면 '안 돼요'가
'돼요'로 바뀐 뒤 '좋아요'로 넘어간다는 우스개는 말도 안 될 일.
감옥 갈 짓이죠. 이런 걸 우스개로 여긴 남자 사이 문화 때문에
여성을 강간하려는 친구에게 '돼지 흥분제'를 구해다 줬던 자가
대통령 선거에 나서기도 하는 겁니다. 모두 여성을 업신여겨
낮추는 몹쓸 짓이요 범죄죠.
영화 〈360〉 속 타일러 맥그레거(벤 포스터) 손이 무섭고, 눈빛과
몸짓이 두려운 건 그 사람이 했던 몹쓸 짓 때문입니다. 성범죄로
6년을 감옥에 있었던 사람이 세상으로 나오자마자 같은 짓을 또
벌일 수 있을 만한 곳에 홀로 놓였죠. 그걸 바라보는 사람 눈길에

어찌 두려움이 어리지 않을 수 있겠습니까. 타일러는 잘 참아
냈어요.

스물다섯. 대학을 졸업했음에도 기자가 되지 못한 1994년 어느
봄날. 나는 내 토굴 같던 작은방에서 예쁜 사람의 청바지 허리띠를
두 번 움켜쥔 적 있습니다. 좋아한 사람과 입맞춤하고 그 사람
가슴 쓰다듬다 보니 내 가슴이 무두질하듯 마구 날뛰었죠. 걷잡을
수 없을 듯 뜨거워진 몸으로 그 사람 허리띠를 풀려 했던 겁니다.
하지만 "안 돼"라는 그 사람 말. 내가 놓았던 허리띠를 다시
틀어쥐니 두 번째 "안 돼." 음. 그 사람 허리띠를 나는 놓았습니다.
뒤로 물러나 숨 가다듬었죠. 누구든 멈출 수 있습니다. 한번
뜨거워진 몸을 도무지 가눌 수 없었다는 건 핑계에 지나지 않아요.
그러지 맙시다.

입

"그 친구. 약지에 꿀 찍어 입술에 펴 발랐다. '나는 립글로스 대신 꿀 발라. 엄마가 챙겨 주셔'라며. 나는 그저 조용히 친구를 바라봤을 뿐. 몸 굳었지. 무슨 말을 해야 할지도 몰랐고."

열일곱. 고교 2학년. 1985년 어느 일요일 밤이었을 겁니다. 전주 아중리 가는 쪽 인후동에 있던 그 친구 학교 앞 하숙집까지 바래다주러 갔죠. 시내버스 타고. 내 하숙집 있던 효자동에서 아중리 쪽 인후동까지는 꽤나 먼 길이었어요. 전주 남서쪽 끝에서 동남쪽 끝으로 가야 했습니다. 밤늦게 친구 혼자 보내기가 안쓰러워 갔던 건지, 그 친구가 바래다 달라 했는지는 가물가물. '아중리에서 시내로 나오는 버스가 몇 시까지 있을까'를 머릿속에 둔 채 나는 버스 정류장에서 친구 하숙집 앞으로. "잠깐 들어왔다 갈래?"에 이끌려 못내 방으로.

막상 친구 하숙방에 들어간 나는 말 가난 몸짓 가난. 방바닥에 앉기는 앉았던 성싶은데 무슨 말 했는지, 어떤 말 들었는지 가물가물. 마음 한소끔 끓였을까. "막차 놓치면 안 되지" 핑계로 엉거주춤 엉덩이 뗐을 때 그 친구 손에 아주 작은 꿀 종지가 들려 있었습니다.

음. 나는 내 나름으로 그 친구 마음을 읽기는 했어요. 입맞춤. 한데 내가 그걸 어디 해 봤어야 말이죠. 열일곱 고교 2학년 될 때까지 영화나 잡지에서 그런 그림 많이 봤고, 벗들에게 귀동냥도 했다지만 그게 어디 보고 들었다고 될 일입니까. 그때 낯 후끈 달아오른 게 여태 남아 있는 듯싶네요. 가볍게 입맞춤하고 나왔으면 좋았을 것을. 그리 못했죠. 귀엽고 착한 친구였는데 예쁜 그림 그리지 못해 아쉽습니다.

여섯 살. 1974년. 나는 그 친구와 무주(茂朱)에서 1년 동안 유치원을 함께 다녔습니다. 열일곱. 1985년. 나와 다시 만난 그 친구가 "그랬다"고 제게 말해 줬죠. 유치원을 마친 뒤 나는 무주에 계속 살았는데 그 친구는 남원(南原)으로 갔다더군요. 10년쯤 지나 다시 만났던 건데 그땐 그게 참 뜻있어 보였습니다. 그랬음에도 가벼운 입맞춤 한번 그려 내지 못한 건 내가 참 어렸기에… 아니, 차가웠기 때문인 성싶네요.

열여덟. 고교 3학년 되자마자. 그 친구가 제게 말했습니다. "헤어지자." 함께 탔던 전주 효자동 가는 시내버스에서 나는 혼자 내렸죠. 말없이. 그 친구 눈엔 눈물 고인 듯했어요. 어지러웠습니다. 나는 '갑자기 왜?'를 품은 채 '차라리 잘됐을지도 모르겠다'며 마음 추스를 생각부터 했어요. 나쁜 놈. 버스에서 내리자마자 그리 생각하다니. 차가운 내 마음 때문에 "헤어지자"는 말 들었을 겁니다. 틀림없이. 그랬을 거예요. 쉬 마음 열고 살지 않았으니까. 쉬 움직이지도 않았고.

"벽에 기대 세운 베개 베고 누워 티브이 보다가 잠들었다. 깜빡. 깼지. 이런, 친구는 옆벽에 등 기댄 채 처음 앉았던 대로 있더군. 미안했어. 티브이 보며 도란도란하다가 나만 까무룩 잠든 거였거든. 그 친구가 편하고 좋아 그랬을 거라는 건 못난 핑계일 따름이겠고. 아무튼 화내지 않고 내 잠 깨지 않게 조용히 기다려 준 친구 마음이 가슴에 닿더라. 일어나 앉았지. 둘이 지내기도 버거운 옥탑 작은방이던 터라 내가 앉으니 서로 코 닿을 듯했지, 뭐."

스물셋. 군대에서 놓여나 복학하려는 청년. 1991년 십이월 말 학교 앞 옥탑 사글셋방이었어요. 나는 일어나 앉아 잠시 머뭇거리다가 내 오른팔로 가만히 그 친구 등을 받친 채 내 입을 친구 입술에 댔습니다. 한동안. 눈감은 친구. 오른팔 힘 풀면 함께 누울 수 있겠다는 걸 나는 알았죠.

힘줬습니다. 오른팔에. 그 친구가 앉아 있던 대로 가만히 되돌려 놓았어요. 괴괴함. 조용하고 잠잠한 두 사람 숨은… 입술은 조금도 실룩이지 못했죠. 나는 그날 내 마음이 왜 그리 깊이 내려앉았는지 도무지 모르겠습니다. 발그레한 그 친구 볼이 '참 착하다'고 느끼며. 내 오른팔에 온몸 기댄 그 친구 믿음 생각하며. 나는 겨우겨우 "밥 먹으러 나갈까. 배고프다."

"입안엔 이빨 있다. 서로 부딪힐 수 있어."

스물넷. 대학 3학년. 1992년 늦여름이었습니다. 전주 코아백화점 지하 1층 나이트클럽에서 나는 '프렌치 키스(French kiss)'라는 걸 어설피 해 보다가 내 앞니가 사람 이에 부딪힐 수 있다는 걸 알았죠. 처음이었기에 엉성하고 거칠기 짝이 없었을 내 몸짓 때문에 이 시렸을 그 사람에게 새삼 미안하네요.

사람 이에 내 이빨 닿았을 때 멈칫했지만 입을 떼진 않았습니다. 기어이 혀를 그 사람 입안에 들이밀었죠. '언제 또 기회가 있으랴'든지 '이 시릴 텐데 여기서 멈춰야 하지 않을까'라든지 따위를 생각할 겨를이 없었어요. 혀가 앞서 내달렸으니까.

한데 잘 모르겠더군요. 사람 입안에 기어이 닿았고 그 사람 혀와 엉클어졌음에도. '뭘까. 대체 뭘 느껴야 하는 거지. 뭔가 있긴 한 건가.' 남 입안이라 역겨울 수도 있을 텐데 싶었던 걱정조차 떠오르지 않았습니다. 음. '영화에선 다들 즐거워 보이던데 내 혀에 무슨 문제가 있는 걸까. 내가 뭘 잘못했나 봐.'

나는 사실 그날 그 사람에게 못되게 굴었습니다. 그 사람 입안에 혀까지 밀어 넣었음에도 마음을 닫고 있었죠. 내내.

나이트클럽으로 자리를 옮기기 두세 시간쯤 전 전북대학교 앞 맥줏집에서 만났을 때부터. 음. 마음 담지 않은 채 '프렌치 키스'를 어설피 주고받았으니 나는 참… 나쁜 놈이었죠.

벌 받았을까요. 나는 매우 오랫동안 사람 입 앞에서 머뭇 거렸습니다. 사람 입안으로 뜨거움―마음―건넬 엄두를 내지 못했죠. 그게 무슨 상처가 됐다거나 해 봤더니 별것 아니어서 귀찮다거나 했던 건 아닌 듯싶어요. 음. 뭐랄까. 마음 담지 않은 '프렌치 키스'의 미안함. 또 그리될 것 같은 두려움. 나는 참… 그릇된 시작이었죠.

입. 입술에서 후두(喉頭)까지. 음식이나 먹이를 섭취하며, 소리를 내는 기관. 포유류 입 가장자리 위아래에 도도록이 붙어 있는 얇고 부드러운 살―입술. 음식을 먹는 사람 수효. 사람이 하는 말을 비유적으로 이르는 말. 한 번에 먹을 만한 음식물 분량을 세는 단위.

음. 입. 벗에게 내 마음 전하는 길. 벗 가슴 느끼는 살.

마초(macho)

쓸데없는 허세와 지나친 몸짓으로 여성을 괴롭혔을 뿐만 아니라
남자 스스로 구렁텅이에 빠져들게 한 낱말. 쓸모없으니 빨리
버려야 할 말입니다. "싫다"는 사람을 벽 같은 곳에 밀어붙여
두고는 입맞춤하다 못해 입안으로 혀 밀어 넣는 짓 따위를
'남자답다'고 여기며 우쭐댄 자 많았죠. 그걸 또 추어올리고
부러워한 남자도 많았고요. 예전 낡은 때에나 쓰인 말입니다. 깬
생각으론 도무지 쓸 수 없죠.

이른바 '남자다운' 말과 몸짓에 사람 마음 사로잡아 끄는 힘이 있을
줄로 안 남자가 많았습니다. 드러내 뽐낼 만한 일로 여겼죠. 그럴
자신 없어 못내 움츠러들었을 땐 '캣콜링(catcalling)' 같은 짓궂고
못된 휘파람을 불며 제 마음을 다독이기도 했고요.

남자가 둘일 땐 그저 그만그만한데 서넛이나 네댓쯤 되면
서로에게 기대어 가며 기를 점점 더 크게 펴고는 합니다. 장난기가
솟는 거죠. "야, 저기 쟤 괜찮다!"거나 "오, 그렇네! 죽이는데"라고.
이쯤 되면 슬슬 내기 같은 게 불쑥 나오게 마련. "야, 니(네)가 가서

말 한번 붙여 봐라. 쟤 전화번호 따오면 내가 술 산다. 못 따오면 니(네)가 사고. 어때, 해 볼래?" 같은 따위. 부끄럽지만 나도 그런 적 있습니다. 내기. 장난 말 몇 마디 주고받는 데 멈추지 않은 채 "진짜? 너, 술 낸다고 했다!"고 오금 박아 가며 기어이 '괜찮은 사람'에게 다가갔죠. 그 사람, 그 얼마나 성가시고 귀찮았을까요. 음. "제가 잘못했습니다. 다시는 그러지 않을게요. 용서해 주십시오. 같이 사는 벗에게도 그러지 말라고 일러두겠습니다." 꾸벅.

가
슴

1981년 삼월 〈뻐꾸기도 밤에 우는가〉와 그해 시월 〈앵무새 몸으로 울었다〉였죠. 질끈 동여맨 속치마 때문에 도도록해진 젖무덤 도두보이게 했거나 배우가 두 팔로 가슴 가린 영화 포스터. 동네 담벼락 여기저기에 다닥다닥했어요. 여러 영화 알림 그림이 어지러이 덧붙고는 했지만 단연 눈길 사로잡은 배우였습니다.

영화 알림 그림 속 젖무덤은 어디 그뿐이었나요. 1982년 이월 〈애마부인〉과 그해 구월 〈산딸기〉는 그야말로 어마어마했죠. 동네 담벼락 여기저기에 내걸린 사람 젖무덤 그림을 누구나 힐끗거리거나 웃으며 바라봤으니 그 무렵 한국은 참… 딱했습니다. 까까머리에 새까만 교복 걸친 중학생이던 나도 담벼락 젖무덤 그림 앞에서 입 벌어지곤 했어요.

1979년 십이월 12일 군사 쿠데타를 일으켰고 1980년 오월 광주를 짓밟은 뒤 그해 팔월 27일 이른바 '체육관 선거'에 따른 득표율 99.96%(2524표)로 제11대 한국 대통령이 된 전두환. 득표율 99.96%가 좀 쑥스러웠을까요. 1981년 이월 25일 득표율을 90.2%(4755표)로 끌어내려 제12대 대통령까지 꿰찼죠. 전두환 군부가 저지른 수많은 몹쓸 짓에 성난, 시민 마음과 눈길 돌려놓으려 동네 담벼락에 젖무덤 그림 덕지덕지 붙여 둔 꼴이었으니 그 무렵 한국은 참… 가여웠습니다. 까까머리에 새까만 교복 걸친 중학생이던 나도 담벼락 젖무덤 그림에 속절없이 젖어들곤 했지요.

열네 살. 중학교 2학년. 1982년 시월 〈진아의 벌레 먹은 장미〉 알림 그림도 동네 담벼락에 나붙었겠죠. 어렴풋하게 '벌레 먹은 사과'쯤으로 기억했던 영화. '진아의'가 앞에 딸려 있는 줄도 몰랐어요. 머릿속 제목은 그리 흐릿했지만 몇몇 그림이 뚜렷한 영화. '어찌 저럴 수 있을까' 싶은 이야기 흐름 곳곳에 똬리 튼 그림 때문에 나는 적잖이 놀랐습니다.

영화를 본 건 열여섯 살 때였죠. 고교 1학년. 〈무릎과 무릎 사이〉를 보러 간 전주 제일극장에서 〈진아의 벌레 먹은 장미〉를 함께 상영한 것. 지금은 사라진, 이른바 두 편 '동시 상영관'이었거든요.

벗인 강진아(정윤희)와 진아가 사랑하는 김석호(이영하) 사이 사랑 몸짓을 엿보다 못해 방 벽에 구멍을 내는 주혜란(최수희). 그 벽에 혜란이 붙여 둔 사람 입·가슴·엉덩이 따위가 담긴 사진. '저런 건 나 같은 남자아이나 들여다보는 걸로 알았는데… 다 큰 여자 어른이? 정말일까' 하는 놀라움. 벽 구멍 너머 사랑 훔쳐보다가 뜨거워진 자기 몸을 주체하지 못해 흔들의자 붙들고 앓는 소리 내뿜는 혜란. 기어이는 혜란과 김석호가 옷 벗은 채 엉켰고, '저게 뭐지?' 싶었을 때 함께 영화 보던 내 옛 벗이 한 말. "물침대다!" 그 위 엉킨 석호와 혜란 몸. 거참, 잊지 못할 어릴 적 그림 가운데 하나였습니다.

열예닐곱 된 나와 내 벗 셋은 '진아 가슴'이 드러나기를 바랐죠. 아주 조금이라도. 하지만 내내 그렇지 않았습니다. 혜란 가슴이 두어 번 보이는 데 그쳐 마음 언짢았고요. 담벼락 알림 그림 꾐에 '또 속았다'는 느낌. 사실 늘 그랬죠. 뭔가 좀 더 잘 드러나지 않을까 싶어 잔뜩 움츠린 채 기다렸지만 별 것 아니고 만—숱한 되풀이. 나와 내 벗 셋은 담벼락 젖무덤 그림 보고 영화관이나 비디오테이프에 이끌렸다가 실망하고 마는 것에 잘 길들여졌습니다.

사람 가슴에 참으로 나쁜 눈길 닿은 때였죠. 생각 얕아 여러 사람 가슴 아프게 한 거였고. 곰곰 되짚어 보니 나 더 어릴 적엔 버스 안이나 터미널 같은 곳에서 젖먹이 끌어안은 어머니 많았습니다. 눈에 쉬 띄는 모습인지라 따로 눈길 둘 일도 아니었죠. 그런 모습 사라진 게 내가 중학생 된 뒤부터인 성싶네요. 동네 담벼락에 사람 가슴 그림 나붙기 시작한 무렵부터.

**"거울 앞에 앉은 사람. 앞섶 단추 하나 더 풀었어.
옷을 아래로 조금 더 끌어내렸고. 그만큼 젖무덤이 더
드러났지. 젖무덤 사이 가슴골 또렷해졌고."**

영화 〈섬〉 속 거울 앞에 앉은 희진(서정)이 한 몸짓. 짐승 같은 낚시꾼 몇몇을 꾀려 가슴골 내보였죠. 커피 내주며 몸까지 팔려고.

앞섶 안 가슴골은 내게 매우 오랫동안 버거웠습니다. 그때그때 사람 참 힘들게 했어요. 나도 모르게 눈길이 거기 닿았을 때면 그리된 게 쑥스럽고 미안해 얼굴 돌렸지만 마음 무겁고 어색하기가 이를 데 없었죠. 가슴골이 불현듯 눈앞에 나타날 때도 많았습니다. 서 있는 내게 앉은 채로 뭔가 알려준 이와 앉거나 서 있던 내 앞에 뭔가를 놓거나 주우려 허리 숙인 사람 젖무덤. 도무지 미리 헤아릴 수 없을 때 어림잡을 수 없을 움직임 때문에 다른 사람 가슴골이 내 눈앞에 놓이기도 했고요.

때론 가슴골과 젖무덤은 말할 것 없고 젖꽃판까지 눈앞에 드러날 때도 있었습니다. '이 사람이 지금 일부러 이러는 건가' 싶을 만큼 자주. 나는 어찌할 바를 모르고 그저 앉아 있거나 선 채 이쪽저쪽 위아래로 눈길 돌리기 바빴죠. 낯 화끈거려 안절부절못하기 일쑤였고. 한데 가끔 그리 겪어 본 덕일까요. 거참 놀랍게도 데면데면해졌습니다. 내가 나이를 조금 먹기도 해서 그렇겠지만 가슴골 좀 보인다고 숨 가빠질 까닭이 없다는 걸 알게 된 거죠. 사람 몸 놀리는 걸 두고 숨 가빠질 까닭이 없다는 걸 알게 되기도 했고.

거참 새삼 놀랍게도 그리 안 뒤로는 사람 가슴골과 젖무덤이 눈에 띄는 일도 줄었습니다. 사람 바라보는 내 눈이 달라졌기 때문일까요. 앞섶 안 젖무덤을 바라고 눈길 두던 때를 지났기 때문이기도 하겠죠.

음. 사람이 사람을 처음 만날 땐 눈 맞추고 숨과 말을 트죠. 가슴골로 트진 않습니다.

"그 사람 오른 가슴. 다 드러나게 했다. 내 손으로. 세 개쯤 있던 단추를 다 푼 뒤 조심히. 멈칫. 눈앞 가슴. 예쁘구나. 나는⋯ 그 가슴에 내 입술을⋯ 가만히."

스물여섯. 대학 마치고 신문기자 되려고 애쓰던 무렵 봄날. 나는 그때까지 살며 본 수많은 그림이나 얼핏 본 젖무덤 가운데 가장 아름다운 사람 가슴을 봤습니다. 놀랍고 예뻐 한동안 숨마저 붙들었죠.

중·고등학교를 다닐 때 바라본 담벼락 영화 포스터에 덕지덕지 들러붙던 내 엉큼한 마음이 온데간데없었어요. 쿵덕거리던 마음도 가라앉고. '예쁘다. 이렇구나. 사람 가슴.' 그 사람 참 고마웠습니다.

그 뒤로 나는 사람 가슴 바라보는 내 눈길로부터 얄고 나쁜 걸 조금씩 쪼아 갈아 냈죠. 그리 느꼈어요. 물론 쉽지 않았습니다. 시간도 많이 흘러야 했으되 조금씩 더 단단히 마음 다졌죠.

　음. 가슴. 소담스럽고 아름다운 그곳에 덧칠된 엉큼한 눈길 떨어내느라 참으로 오랜 시간 들였습니다. 애면글면했죠. 쉽지 않았어요. 허나 못할 일은 아닌 것 같습니다. 데면데면 바라보되 예쁜 사랑 하세요.

타임스 업(Time's Up)

미국 할리우드에서 땀 흘리는 여성들이 일터 안 성적(性的) 놀림과 괴롭힘, 사람 사이 차이 두기를 없애려고 만든 모임. 성폭력 피해 알림 운동인 2017년 '샵미투(#MeToo)'로부터 이어진 열매라 하겠습니다. 차별 때문에 사람 사이가 고르지 않은 "시간이 다 됐다"는 뜻으로 읽히는데요. 2018년 일월 1일 애슐리 저드, 에바 롱고리아, 리즈 위더스푼처럼 이름을 널리 알린 배우 여럿이 함께하는 모임으로 시작됐습니다. 특히 2018년 일월 7일 로스앤젤레스에서 열린 일흔다섯 번째 '골든 글로브 어워즈(Golden Globe Awards)'에 나온 여성 배우들이 모두 검은 옷을 입거나 가슴에 '타임스 업' 배지를 달아 눈길을 모았죠. 사람을 두고 치우지지 말자는 새 움직임에 손뼉 크게 칩니다. 여성 가슴을 향해 엉큼하고 돈 욕심 가득한 눈 쏘던 "시간이 다 됐거든요(Time's up)."

생식기

"던 생식기 안을 살피던 산부인과 의사 갓프레이가 손에 꼈던 고무장갑을 벗었어. 그 안에 맨손 넣으려고. 눈빛도 달라졌지. 엉큼하게. 그놈은 더 이상 의사가 아니었다. 음. 점점 뭔가 잘못되고 있다는 걸 느낀 던. 깨물지. 꽉. 아파하는 갓프레이. 손을 빼려 했지만 이미 늦었어. 누워 있던 던을 들어 뒤집어 놓을 정도로 아프게 오른손을 깨물린 거야. 던 생식기로부터 갓프레이 손이 비로소 떨어져 나왔는데, 아! 손가락 네 개가 사라졌어. 놀란 던이 일어났을 때 투두둑. 갓프레이 손가락 네 개가 바닥에 떨어졌다."

깔깔깔. 영화 〈티스〉에서 생식기 안에 뭔가 있는 걸 느낀 던 오키프(제스 웨이슬러)가 갓프레이(조쉬 파이스)를 찾아갔을 때 일어난 일입니다. 나중에 영화를 보면 잘 알게 될 텐데 웃음 툭 터져 나오는 그림이죠. 갓프레이는 던에게 산부인과에 온 게 처음이냐고 묻고 "널 깨물진 않을 거(I'm not gonna bite you)"라며 착한 의사인 양 굴었습니다. 하지만 깨물리고 말죠. 몸 안에 정말 뭔가 있는 건지 "그저 알아보려(I just wanna be check out)"는 던에게 진찰이 아닌 성추행을 벌였기 때문. 던 생식기 안엔 이빨이 있었습니다. 갓프레이 같은 놈에게 알맞게 쓰일 이빨. 깔깔깔.

스물. 대학 2학년. 내가 사람 생식기를 처음 봤을 때입니다. 그해 봄 전국 신문방송학과 대동(大同) 잔치에서 내보일 이런저런 말과 몸짓을 준비하려고 서울에 있는 신방과 사람 여럿이 이화여자대학교에 모였죠. 머리들 맞댄 채 예쁘고 좋은 말과 몸짓 찾아 서로 맡을 바를 나누느라 애썼으니 어찌 뒤풀이가 없었겠습니까. 마땅히 즐겼지요. 신촌 어느 막걸릿 집에 갔습니다.

조금씩 거나해졌죠. 흐뭇하게. 막걸리 사발 나란히 비울 때마다 배도 찼고. 방광 무거워져 화장실에 가야 했어요. 음. 그 집 술마당 안에 있는 화장실 문을 똑똑 두드렸습니다. 아무런 대답이나 문 울림이 없어 나는 문을 벌컥. 화장실 앞에 서니 조금 급해진 듯도 했거든요.

문 열렸죠. 한데 "악!"인 듯 아닌 듯. "문!"인 듯 아닌 듯. 말 한마디 제대로 하지 못한 채 숨 끊어질 듯 말 듯. 문 빨리 닫히기를 바라는 사람 손짓이 내 눈앞 빈 곳을 세차게 갈랐습니다. 문고리가 없었을까요. 있었다면 거는 걸 잊었겠죠. 음. 그 집 화장실은 옛것이었습니다. 쪼그려 앉아 일을 봐야 하는… 거참, 일이 꼭 그리 일어나라는 건 아니었을 텐데 그 집 화장실 바닥이 딱 내 눈 높이에 있었어요. 문을 연 뒤 계단을 네댓 개 오른 곳에 쪼그려 앉아 일을 봐야 하는 변기가 놓여 있던 거죠. 음. 벌컥 문 열었다가 깜짝 놀라 닫는 그 짧은 동안. 내 눈앞에 다 자란 사람 생식기가 처음 나타났다가 사라졌습니다. 화장실 바닥이 높아 사람 얼굴은 아예 보이지도 않았어요. 토르소를 본 것 같았죠.

나는 어안 벙벙. 문 닫은 그 자리에 얼어붙고 말았습니다만 그대로 서 있을 순 없었죠. 마음 가다듬고 허둥지둥 내가 앉아 있던 자리로 돌아갔습니다. 조금 뒤 삼십 대일 성싶은 사람이 화장실에서 나와 자기 자리로 가더군요. 따라가 미안하다는 말을 하진 않았습니다. 서로 면구스러울 것 같았으니까.

윌리엄 셰익스피어의 〈햄릿〉은 1601년 세상에 나왔죠. 420년쯤 전입니다. 1998년 팔월 5일 최종철 연세대 영어영문학과 교수가 한글로 옮기고 민음사가 펴낸 〈햄릿〉107쪽을 보면, 햄릿은 "(오필리아 발 앞에 누우며) 아가씨, 무릎 사이로 들어가도 될까요?……중략……처녀 다리 가운데로 들어간다는 건 즐거운 생각이오"라고 말했습니다. '오필리아 무릎 사이로 들어가겠다'는 건 생식기에 닿아 맺겠다는 뜻.

햄릿의 버릇없는 말은 더 이어집니다. 오필리아가 "이 무언극이 무슨 뜻인지도 말할까요?"라고 묻자 햄릿은 "그럼요. 혹은 당신이 그에게 보여주는 어떤 보쥐라도. 당신이 부끄럼 없이 보쥐를 보여주면, 그도 부끄럼 없이 그게 무슨 뜻인지 말할 거요(109쪽)"라고 응했죠. 최종철 교수가 옮겨 낸 '보쥐'는 사람 생식기를 일컫는 것. 한데 표준국어대사전엔 '보쥐'라는 낱말이 없죠. '보지'를 그리 옮겨 낸 것인데요. 많은 한국 사람이 자기 생식기를 두고 제대로 일컫지 못하는 버릇을 잘 보여 줬습니다.

햄릿은 오필리아에게 "난 당신과 당신 애인 사이를 설명할 수 있다고, 지지 보쥐 노는 꼴을 볼 수만 있다면(114쪽)"이라고도 말했어요. 제정신 아닌 척하며 참으로 모질게 오필리아를 괴롭힌 거였죠. 최종철 교수는 '자지'마저도 제대로 일컫지 못하고 '지지'라고 옮겨 냈습니다. 표준국어대사전 속 '지지'는 더러운 것을 이르는 어린아이 말. '자지' 대신 쓸 낱말로 보기 어려웠어요. 이 또한 자기 생식기를 두고 제대로 일컫지 못하는 한국 사람 버릇을 잘 내보였습니다.

음. 사람 생식기는 본디 어디나 있는 겁니다. 영화 안에. 문 너머에. 무릎 사이 옷 밑에. 이상하거나 더럽다거나 내내 감춰야 하는 게 아니죠. 그냥 거기에 늘 있습니다. 가끔 눈에 띌 수 있고, 생식기끼리 맺을 때도 있죠. 이상하다거나 더럽다 여기지 마세요.

존중(尊重)

사람이 함께 사는 오늘과 살 앞날에 늘 가슴속 깊이 품어야 할
마음가짐. 사람은 다른 사람을 높이어 귀하고 무겁게 여겨야
마땅합니다. 여성이든 남자든 같은 성(性)을 사랑하는 사람이든
가리지 않고 한결같아야죠. 같은 성을 좋아하는 사람들 가운데
서로 몸과 마음이 얼마나 맞닿는지에 따라 더 가늘고 잘게
나뉘는데 그 누구든 모두 귀하고 무겁게 여겨져야 합니다.
스물. 1988년 봄. 전국 신문방송학과 대동 잔치 준비하려
이화여자대학교에 갔던 날. 막차 끊길 때를 앞두고 막걸릿집
뒤풀이를 접었습니다. 나는 신촌에서 광화문과 '삼양동' 지나
우이동 가는 버스를 타야 했죠. 낮과 저녁나절엔 비 올 날씨가
아니었는데 밤 깊어진 사이 구름 드리웠던지 정거장에 섰을 땐
추적추적했어요. '이러다 홀딱 젖겠네' 싶었을 때 내 머리 위로
우산 받쳐 주는 손길이 오른쪽 눈 가까이에 불쑥 들어왔습니다.
고마웠죠. 우산 든 사람에게 고마운 마음 담은 눈인사를 건네며
가볍게 고개 숙였습니다.

빗속 우산 나눠 쓴 채 정거장으로 다가오는 버스 바라보며 서너 숨 쉬었을까요. "아저씨, 잘 데 없으면 나랑 우리 집에 같이 가도 되는데…"라는 그 사람 말. 나는 그야말로 깜짝 놀랐습니다. 절로 입 벌어지고 눈동자 커져서는 뭘 어찌할지, 무슨 말 할지 몰라 몸 굳고 말았죠. 처음 겪는 일이었기 때문. 나는 곧 눈썹 사이를 찌푸렸습니다. 남자와 남자가 나누는 사랑을 두고는 따로 깊이 생각해 본 적 없이 그저 '비역질'로 여기던 스무 살 때였거든요. 바로 그때 앞창에 '삼양동'이라 내붙인 버스가 바투 다가와 섰습니다. 냅다 올라탔죠. 앉을 자리가 많았고, 앉고 나서야 겨우 숨 좀 돌렸고요. 음. 어렸으되 팔팔했던 나는 '으, 그놈, 뭐냐. 호모였던 거야?'라고 곱씹었죠. 그땐 생각 짧아 같은 성을 사랑하는 사람을 두고 '호모(homo)'라며 낮잡아 부르곤 했거든요. 나는 부르르 몸 떨어 찜찜해진 마음까지 떨어내려 했습니다.

버스는 우이동이 아니라 '삼양동'까지만 가는 거였죠. 어둡고 익숙지 않은 길로 달려갔지만 '까짓 삼양동에 내려 걸어가거나 택시 타지, 뭐'라고 생각했습니다. 한데 웬걸. 버스는 얼마 지나지 않아 나를 '상암동'에 내려놓았어요. '삼양동' 말고 '상암동'에. 몹시 놀란 바람에 '상암동'을 '삼양동'으로 잘못 본 거였죠. 신촌으로 되돌아 나가는 버스는 이미 끊겼더군요. 할 수 없이 택시를 탔습니다. 주머니를 다 털어서는 택시미터 바라보며 갈 수 있는 데까지 갔죠. 그나마 나는 삼양동 끝머리에 내렸어요. 나머진 걸어갔죠. 수유리 지나 욕하며 터덜터덜.

지금이라면―그때 내 머리에 생각 좀 들어 있었다면―나는 자기

집에 가자던 그 사람에게 웃으며 말했을 겁니다. "싫어요"라고.

덧붙였겠죠. "우산 받쳐 주신 건 고맙습니다"라고. 이젠

'비역질'이라 깔보거나 업신여기지 않으니까. 그래선 안 되니까.

사람을 그 사람 바탕 그대로 봐야 하니까요.

2

몸
짓

자
위

"대체 뭘 하려는 거지. 알몸 요가 같은 건가. 제임스가 누운 채로 몸을 접어. 천천히. 다리를 들어 올리더니 머리 뒤로 넘긴 거지. 점점 더 접더니. 자기 생식기를. 입에. 넣는 거야. 음. 말하자면 그건 자위 같은 거였어. 어안이 벙벙했지, 뭐. 난생 처음 본 그림이었으니까."

영화 〈숏버스〉 안 제임스(폴 도슨)가 그린 놀라운 움직임. 뭐랄까. 혀 굳고 넋 잃었다 할까요. 나는 한동안 움직일 수 없었습니다. 불현듯 뒷머리 얻어맞은 것 같았죠. 절로 벌어진 입 다물지 못했고.

숨 좀 고른 뒤 자위(自慰)였을 거라 생각했습니다. 스스로 달래 주는 거. 손으로 자기 생식기를 건드려도 몸과 마음 달래 줄 수 있겠지만 제임스에겐 입이 가장 좋았을 테죠. 그 그림. 머릿속에 절로 깊이 내려앉았습니다. '그럴 수도 있겠네' 싶었고, '몸을 그리 접을 수 있다면야 그걸 두고 누가 뭐랄 것 있나' 싶었어요. 그 덕에 나도 스스로 달래 주는 걸 좀 더 편안히 여기게 됐죠. 어릴 적부터 그게 무슨 큰 죄인 양 감췄고, 드러내 말 주고받지도 못했던 굴레에서 제대로 벗어나기 시작했습니다. 〈숏버스〉가 한국에서 개봉한 게 2009년이니까, 나는 마흔한 살이 되어서야 자위를 두고 품었던 부끄러움에서 많이 놓여난 거죠. 불쌍합니다. 자위를 두고 제대로 듣거나 말해 주지도 못한 한국 사람들. 애처롭습니다. 자위를 두고 움츠려 있다가 마흔한 살쯤 되어서야 입 트이는 한국 사람들.

> "선선한 가을날 일요일 오후. 보송보송한 이불에서 달게 잤지. 모로 누워 잠들었을 텐데 자다가 엎드렸던 모양이야. 음. 꿈을 꾼 것 같진 않았어. 잠에서 깨어난 건 아니어서 숨 어렴풋했지. 불두덩 묵직한… 느낌? 아니, 이러쿵저러쿵 말 못할 찌뿌드드함. 좀 뜨거운 듯도 했고. 나는 어렴풋한 숨 그대로 배운 적 없는 몸짓을 했다. 꼬물꼬물. 애벌레처럼. 점점 더 크게. 더. 더욱더. 으… 음. 으. 헉. 흠!"

열다섯. 중학교 3학년. 내 첫 자위. 스스로 달랜 게 맞습니다. 그 뒤로 겪은 '몽정(夢精)'과 달랐기 때문이죠. 하숙집 주인아주머니께 들킬 새라 조용히 젖은 팬티를 주섬주섬 빨면서 알았어요. '아, 이게 자위구나!' '밤꽃 냄새가 난다!' 저절로 참 예쁘게 잘된 거였죠. 시작은 그랬지만—예뻤는데—왠지 모를 죄스러움과 부끄러움에서 놓여나기까지는 안타깝게도 26년쯤 걸린 것 같습니다. 이인의 책 〈성에 대한 얕지 않은 지식〉 41쪽에 보면 "결혼 전 30세까지 숫총각이었던 프로이트는 자위를 하도 해서 아버지한테 당장 그만두지 않으면 음경을 잘라 버리겠다는 위협을 받았다"더군요. 이인은 그걸 두고 "끝없이 솟구치는 성욕이라는 자연적인 욕망과 성기를 거세한다는 공포의 권위 사이에서 프로이트의 사상이 움튼 것"으로 봤죠. 프로이트가 정말 서른 뒤로도 자위에 따른 거세 공포에 시달리며 자기 생각을 가다듬었을까요. 그랬다면 그게 프로이트 생각을 많이 갇히게 한 까닭일 겁니다.

음. 자위. 죄짓는 일 아니에요. 부끄러운 일도 아니고. 즐기세요. 그리 몸과 마음 푸는 게 자연스럽습니다. 자위에 늘 마음 쏠려 잊지 못하고 매달리는 듯싶으면 곰곰 숨 좀 가다듬어 보시고. 지나치면 어지럽거나 코피 터질 수 있으니까.

동성애(同性愛)

사람 삶 둘레에 늘 있었음에도 정상이 아닌 것처럼 따돌림
당하거나 밀어 내쳐진 사랑. 이런 사랑을 나누는 사람을 흔히
'게이(gay)'와 '레즈비언(lesbian)'이라 일컫되 마음과 몸짓 깊이에
따라 더 자잘하게 갈라집니다. 가뜩이나 수가 적은데 다시 잘게
쪼개지다 보니 이른바 '성 소수자'로 뭉뚱그려졌죠. '레즈비언'은
오랜 옛날 여성과 여성 사이 사랑이 널리 퍼졌었다는 그리스
에게해 레스보스섬으로부터 나온 말이라더군요. 기원전 로마에
황제 체계를 세울 바탕을 다진 율리우스 카이사르도 젊은 남자를
곁에 뒀습니다. 시오노 나나미가 쓴 〈로마인 이야기 4 — 율리우스
카이사르 · 상〉 66쪽을 보면 "궁정에서 거의 밤마다 열리는
잔치에서 카이사르는 (비티니아) 왕이 총애하는 미소년들과 함께
술을 따르며 돌아다녔다고 한다. 게다가 (비티니아) 왕과는 동성애
관계에 있다는 소문까지 퍼졌다"더군요. 티베리우스를 비롯한
로마 황제 여럿도 얼굴 예쁜 사내아이를 좋아한 것으로 전해졌죠.
사람이 같은 성(性)을 사랑한 게 매우 오래전부터라는 얘기. 하니

'정상이 아닌 사람'으로 따돌리지 마세요. 그 사람 '있는 그대로를 그렇다고 여기는 마음가짐'을 단단히 다집시다. 이미 가슴에 상처가 많이 쌓인 사람들이잖습니까. 사람 하나하나 있는 그대로 존중될 까닭 넉넉합니다.

영화 〈숏버스〉 속 제이미(피 제이 드보이)와 제임스(폴 도슨)는 서로 사랑하죠. 게이 짝. 제임스에게 "너 나 사랑하니(Do you love me)?"라고 묻는 제이미 눈엔 사랑 바라는 절절함 가득했습니다. 어디 그뿐입니까. 〈캐롤〉 안 캐롤(케이트 블란쳇)과 테레즈(루니 마라)가 맺는 사랑. 참 아름답더군요. 한 사람이 다른 사람을 사랑하는 것. 더할 것 뺄 것 없이 딱 그랬죠. 〈가장 따뜻한 색, 블루〉 안 엠마(레아 세이두)와 아델(아델 엑사르쇼폴로스) 사이 사랑도 못지않았습니다. 아름다웠어요. 본 그대로 그리 느꼈죠. 예쁜 사랑 나누는 사람들 두고 이러쿵저러쿵 꼬며 틀거나 눈살 찌푸릴 일 있습니까. 화낼 까닭도 없습니다. 오지랖 여미세요.

포르노

내가 본 첫 포르노그래피는 사진 가득한 미국 잡지였습니다. 중학교 2학년쯤 됐을 때 친구가 가진 것 서너 권을 봤는데 〈플레이보이〉도 들어있었던 듯해요. 사람 발가벗은 모습을 모르는 바 아니었지만 정작 '일부러 다 드러낸 그림'과 맞닥뜨리니 어안 벙벙했죠. 특히 생식기에 초점 가득한 그림 앞에 벌어진 입을 다물기 어려웠어요.

무슨 죄라도 지은 듯했습니다. 열네댓 살 때 '18금' 그림 봤으니까. 꺼림칙했죠. 형광등 빛 받은 사진이 반들반들한 만큼이나 실제와는 뭔가 동떨어졌을 성싶은 느낌. '이게 진짜일까. 왠지 이렇진 않을 것 같아. 거참 찜찜하다' 싶어 고개가 자꾸 갸울어졌어요.

내 머리를 때린 두 번째 포르노는 거칠고 잡스러운 카세트테이프였습니다. 고교 2학년 때 옆 반 아이들 사이에 돌던 거였는데요. "숫처녀" 어쩌고저쩌고하며 앓거나 허덕이는 소리가 들렸죠. 들리기로는 고무풍선 같은 걸 손으로 비비는 소리인 성싶은데 그걸 사람 몸을 입으로 빠는 울림인 양 꾸민 게 보태어지기도 했습니다. 열일곱 열여덟 살쯤 된 아이 누구나 그걸 처음 듣고는 '참, 조잡하다'며 비웃었으되 쉬 귀를 떼진 못했죠. 카세트테이프 안에서 대체 무슨 일이 일어나는지 알고 싶은 마음 때문. 40분쯤 이어진 잡스럽고 거칠게 앓으며 허덕이는 소리에 귀를 붙들리고 말았습니다.

세 번째 포르노는 움직이는 그림 담긴 비디오테이프. 대학 입학 학력고사를 끝낸 고교 3학년 겨울 때였을 것으로 기억합니다. 열여덟에서 열아홉 살로 넘어가던 무렵이었죠. 가장 가깝게 지냈던 친구 넷이 한집에 모여 처음 본 것 같아요. 이야기 흐름 따위에 신경 쓸 일 없는, 그저 곧바로 벗고 뒹굴며 앓고 허덕이는 그림이었기에 '참, 어이없다'고 비웃었으되 쉬 눈을 떼진 못했죠. 사람과 사람 생식기가 어찌 만나 서로 맺는지를 내보이는 데 초점이 가득했기 때문. 1시간 반쯤 이어진 잡스럽고 거칠게 앓으며 허덕이는 그림에 눈을 붙들리고 말았습니다.

네댓 예닐곱 번째 포르노는 더 쉬웠어요. '18금' 시절에 열아홉—만으론 열여덟—된 데다 학교 벗이나 선배 여럿과 한잔한 뒤 헤어지기 아쉬울 때 술 사 들고 함께 찾아간 값싼 여관 어디서나 밤새 포르노 담긴 비디오테이프를 돌렸기 때문. 음. 그게 무슨 라디오 음악 방송이라도 되는 양 켜 두고 술 한 잔에 비웃고, 전두환에서 노태우로 바통 넘어가는 세상에 긴 한숨지었으니 참으로 안쓰러운 내 열아홉 때였습니다.

쉬 접하다 보니 눈과 귀와 머리가 무디어졌을까요. 스물 된 뒤로는 웬만한 앓는 소리나 허덕이는 움직임엔 귀와 눈이 따라가지 않았습니다. 따분하고 싫증이 났던 것. 처음 듣는 성싶은 소리, 처음 보는 듯싶은 움직임에나 귀와 눈이 한두 번 따라갔죠. 하지만 그마저 곧 시들. 점점 치솟는 소리 크기와 지나친 움직임이 역겨워졌어요. 시끄럽고 떠들썩했으되 그저 그렇거나 '사람이 어떻게 저럴 수 있지?' 싶은 그림이 속에 거슬리게 싫어지기 시작했습니다. 내 서른 전 포르노그래피가 그리 저물었죠. 싫증 남. 더하거나 덜어 낼 것 없이 딱 그리 멈췄습니다.

음. 포르노. 그것 보고 들으며 흘려보낸 내 젊을 적 시간이 참 아깝네요. 어쩌다 한두 번쯤으로도 넉넉했을 텐데. 나는 너무 오래 눈과 귀를 빼앗겼습니다.

섹시(sexy)

돈이 될 실마리를 찾느라 온갖 거짓으로 얼룩진 그림이나 소리
따위를 죽 벌여 놓을 때 쓰이는 꾸밈말. TV를 비롯한 여러
매체에 '섹시하다'는 느낌을 불러일으키려는 꿍이 넘칩니다.
특히 남자를 꾀려고 여성 몸을 은근히 드러내는 광고가 많죠.
표준국어대사전엔 '섹시하다'를 두고 '외모나 언행에 성적(性的)
매력이 있다'는 뜻이라며 '관능적이다'거나 '산뜻하다'로
순화하자고 쓰여 있는데요. '관능적'이라는 말뜻이야 말이
그러하니 뭐, 그렇다손 치더라도 '산뜻하다'로 걸러내 쓸 일은
아닌 성싶습니다. '산뜻하다'는 건 '기분이나 느낌이 깨끗하고
시원하다'거나 '보기에 시원스럽고 말쑥하다'는 뜻이죠.
'섹시하다'를 그리 즐겁고 가볍게 언제나 쓸 수 있을까요.
거북합니다. '섹시한' 그림이나 소리에 돈독 덕지덕지한 듯해서.
남자 포르노 배우 생식기는 어마어마해 보입니다. 부풀어
꼿꼿하게 됐을 때 길이가 20센티미터를 넘겨야 출연할 수 있는
걸로 알려졌죠. 어유, 20센티미터라니요. 그런 사람 정말 드뭅니다.

돈독 오른 포르노 제작자들이 큰 생식기를 내밀어 보통 사람 꾀려는 데 지나지 않은 거죠. 속지 마세요. 내 것이 너무 작은 건 아닐까 걱정할 까닭도 없습니다. 한국 남자 생식기는 부풀어 꼿꼿해졌을 때 보통 12.7센티미터쯤인 것으로 알려졌거든요. 그보다 작더라도 예쁜 사랑 나누는 데 넉넉할 테니 걱정할 까닭도 없습니다.

여성 포르노 배우 생식기는 매끈해 보입니다. 거웃마저 없을 때가 많죠. 항문 둘레도 그렇고. 나도 뒤늦게야 알게 됐는데 배우 생식기와 항문 둘레를 밝은 빛깔로 문신하거나 화장품을 발라 곱게 꾸민다는군요. 얼굴을 곱게 꾸민 채 카메라 앞에 서는 것과 마찬가지인 거죠. 속지 마세요. 팽팽하다 못해 곧 터질 성싶은 가슴, 간드러지거나 숨넘어가기라도 할 듯 앓는 소리 따위도 매한가지. 모두 돈독 오른 포르노 제작자가 '섹시한 것처럼' 만들어 놓은 헛된 그림이죠. 포르노에 눌려 졸아들거나 정신 빼앗겨 마땅히 해야 할 바를 잊어버릴 까닭 없습니다. 꾸미지 않은 몸 그대로도 더욱 예쁜 사랑 얼마든지 나눌 수 있죠. 자기 몸 소중히 여기세요.

숨

"끼익. 여닫이문 경첩 우는 소리. 쾅. 문 닫히는 소리. 벽 너머 옆방에서 들려온 울림에 잠들었던 한 친구 코골이가 멈췄다. 나머지 세 벗과 나도 숨 붙든 채 돌아누웠고. 고요해 괴괴한 가운데 얼마간 시간 흐르더니 차라리 꿈이었으면 싶은 괴로움이 시작됐지. 벽 너머 두 사람 세찬 몸짓 아래 침대가 쿵쿵 벽을 두드렸어. 밤새. 어쩜 그럴 수 있을지 놀라웠는데 날 밝아 오도록 그랬다. 깜빡 잠들었다가 무슨 소린가에 놀라 몸 뒤척이게 되면 어김없이 쿵쿵대고 있더라. 무엇보다 놀라운 건 벽 너머 둘 가운데 한 사람 앓는 소리가 좀 지나쳤다는 거. '음'이나 '아' 같은 소리가 조심스레 울린 게 아니라 '크악'이라 소리치더라. 그야말로 마음껏. 막 내지르는 듯했어. 친구 다섯은 밤새 참으로 어이없었지. 사람이 앓는 소리를 어쩜 그리 거칠게 낼 수 있을까 싶었던 거야. 쉬 받아들이기 어려워 쿡쿡 웃기도 했고. 음. 그 사람, 정말 감출 것 없이 마음껏 즐겼던 걸까. '으악'이나 '크악'이라 밤새 소리치며."

스물일곱. 신문 기자 수습 마쳤을 무렵. 함께 입사한 친구 여섯이 서울 신촌에 모여 한잔한 뒤였죠. 술기운 거나한 만큼 시간도 어지간해 인천과 서울 여기저기로 흩어지지 않고 다섯이 여관에 들었습니다. 나란히 누운 채 두런두런하다가 하나둘 잠들 때였죠. 새벽 한 시쯤 됐을 때 벽 너머 방에 든 두 사람 때문에 우리는 잠을 제대로 이룰 수 없었어요. 살다 처음 들은 거친 소리 때문이었죠. 그쪽 침대가 벽을 쿵쿵 치는 게 점점 세질 때마다 그 사람 앓는 소리도 더욱 치솟았습니다. 크악. 으악. 크악. 으악. 어쩜 그리 크고 높게 오래 이어질 수 있는지 참으로 믿기 어려웠어요. 벌어진 입 다물지 못했죠.

뭐, 그런 사람도 있긴 할 겁니다. 몸짓과 함께 느끼는 대로 마구 소리치는 사람. 말하자면 영화 〈해리가 샐리를 만났을 때〉 속 샐리 올브라이트(맥 라이언)가 식당에서 해리 번즈(빌리 크리스탈)를 앞에 앉혀 두고 거침없이 내지른 앓는 소리처럼. "오우. 우우. 오오 아. 오오 갓. 오우 갓. 아아. 아후. 아후 갓. 오우 야(ya). 라잇 데어(Right there). 오우 갓. 예스. 예스. 아. 아우. 예스. 예스. 예스. 오우 갓" 따위로 점점 치솟았죠. 듣는 사람 귀청 마구 흔들었고, 샐리 바라보며 그 소리 듣던 한 사람—로브 라이너 감독 어머니로 알려진 사람—이 식당 종업원에게 "저 사람이 먹는 걸 먹겠다(I'll have she's having)"고 말해 웃음 끌어낸 그림. 앓는 소리는 꾸민 거였죠. 샐리 장난.

하나 더. 영화 〈그녀〉 안 사만다(스칼렛 요한슨)가 테오도르

(호아킨 피닉스)와 사랑 나누며 낸 앓는 소리. 꾸민 거였죠. 사만다는 인공지능 컴퓨팅 운영체제(OS)였을 뿐이었으니까. 살아 있는 사람이 아니었거든요. 목소리만 있었던 거죠. 사만다는 빨라지는 테오도르 숨 흐름에 맞춰 앓는 소리를 조금 곁들여 줬다고 해야 알맞을 겁니다. '사람처럼' 앓았을 뿐 사만다 숨이 테오도르에게 바투 다가간 건 아니었으니까요.

앓는 소리. "오우, 예." 흔히 그쯤으로 꾸며질 때 많죠. 열에 여덟아홉이 꾸민 소리일 겁니다. 이인 책 〈성에 대한 얕지 않은 지식〉 290쪽 아래쪽으로부터 291쪽 둘째 줄까지엔 '많은 여성이 남자에게서 헌신을 이끌어내고자 할 때 쓸 수 있는 제일 좋은 방법은 그 남자 덕분에 황홀경의 절정을 경험했다고 믿게 하는 것이다. 비명을 지르고 신음을 내며 쾌감을 약간 과장해 표현함으로써 사랑하는 사람의 마음을 배려하면서 자신에게 붙잡아 두는 행동이 오르가슴 연기'라고 쓰여 있죠. 연기. 배우가 맡은 역할을 드러내 나타내는 일. 얼마간 사실에 바탕을 두긴 했겠지만 누구나 꼭 그렇진 않다는 얘기.

음. 곰곰 되짚으니 깊은 사랑 나눌 땐 '아'네 '음'이네 모두 사라질 때 많더군요. 내 삶에선 그리 큰 '앓는 소리'… 없었습니다. 거의 들리지 않았죠. 숨은 조금씩 빨라졌어요. 빨라진 만큼 숨소리 거칠어졌고. 숨소리로 마음 알고 숨으로 가슴 내밀었죠. 들이쉬고 가쁘며 트이고 돌리며. 때론 끊어지듯 막혔다 넘어가기도 했고요. 그렇다고 '오우, 예'나 '크악' 같은 것에 닿진 않았죠. 내가 더 많은 사람을 겪어 보지 못했기 때문일 수 있겠습니다만 사람 열에 여덟아홉은 숨 빨라진 뒤 끊어질 듯 솟구친 숨소리만으로도 사랑 가득 차 밖으로 흘러나왔다는 걸 함께 느꼈을 거예요. 아마. 숨만으로 넉넉합니다.

핑크(pink)

누구나 좋아할 수 있는 빛깔. 남자든 여성이든 상관없습니다. 빛깔
고와 눈에 쏙 들어오고 편하면 남자도 얼마든지 좋아할 수 있는
거죠. 핑크에 덧씌워진 "남자답지 못하다"거나 "여성스럽다"는
오랜 입길 때문에 그 빛깔 보고도 "곱다"고 쉬 말하지 못한 사람
많았을 겁니다. 고운 걸 보고 곱다고 느껴 좋아할 뿐인데 남 눈길
입길에 오를까 조심하느라 주춤대는 건 적잖이 우습죠. 깹시다.
남자가 핑크 좋아한다 하여 별나거나 색다른 것 아니니까요.
파랑이나 빨강을 보듯 그저 판판히 핑크를 바라봅시다.
열세 살. 까까머리에 까만 교복 입던 중학교 1학년. 가을날
어느 토요일 오후였습니다. 전주 전동 한 제과점 ─초콜릿 두른
파이로 널리 알려진 곳─2층 판매장 창가 탁자에 교생 선생님과
마주하고 앉았죠. 교육 실습 마지막 날이었던 걸로 기억해요.
내내 나를 예뻐해 주신 터라 맛난 빵 사 주시려고 큰 제과점으로
나오라 하셨죠. "은용이는 무슨 색깔 좋아하니?" 갑작스런
질문이었지만 나는 뜸 들이지 않고 "핑크요"라고 대답했습니다.

"어머, 그래? 선생님도 핑크 좋아하는데!" 뜻밖에 선생님도 같은 빛깔을 좋아한다니 나는 은근히 기뻤어요. 음. 한데… 속사정은 달랐습니다. 영어를 배우기 시작한 지 얼마 되지 않은 터라 아는 낱말이 적었음에도 좀 더 멋지게 말하고 싶었는데, 그 무렵 배워 익히며 머릿속에 넣어 뒀던 '핑크'가 툭 떠올랐을 뿐. 며칠 사이 '레드(red)'가 눈에 띄었다면 "빨강"이라고 대답했겠죠. 어쨌든 나는 교생 선생님 뵀던 날로부터 '핑크'에 허물없습니다.

마흔예닐곱. 같이 사는 벗이 중학생일 때. 요즘도 가끔. 벗이 "어유, 아빠 팬티. 핑크야!"라고 놀렸습니다. 나는 "뭐, 인마. 핑크가 어때서!"라고 말했죠. "팬티를 아빠가 사냐? 엄마가 사지!"라고 덧붙이며 웃었고, 열에 한두 팬티가 핑크 쪽 빛깔이고는 했는데 녀석 눈엔 쏙쏙 뛴 모양이죠. 어쨌든 나는 '핑크'에 허물없습니다. 그게 뭐 어때서요. 누구나 좋아할 수 있는 빛깔이잖습니까. 빛깔 그대로 보고 느끼면 될 일입니다. 그걸 두고 "남자답지 못하다"거나 "여성스럽다"고 여겨 흉보거나 웃음거리로 만들지 마시길.

컵

"내가 이 컵이고 니(네)가 물이라면… 컵이 넘칠 거야. 넌 내가 담을 수 없을 만큼 큰 것 같아."

스물. 대학 2학년. 1988년 삼사월이었을 겁니다. 1년쯤 사귄 사람이 자신을 탁자에 놓인 컵, 나를 그 컵에 담을 물에 빗대어 말했죠. 서울 지하철 을지로3가역에서 남쪽으로 조금 걷다가 옛 명보극장 쪽으로 돌아설 언저리 건물 2층에 있던 커피숍에서 만난 터라 '영화를 같이 보려나' 생각했던 내겐 갠 하늘 날벼락 같았어요. 가라앉았습니다. 무겁게.

'헤어지자'는 얘기. 그날 내내 '왜 갑자기?'로 버티던 내게 여러 말 쏟아졌지만 '컵'과 '물'이 꼭짓점이자 마침표였죠. 그 사람 눈에 물도 조금 비쳤기에 나는 더 뭐라 말하기 어려웠어요. 갓 스물에게 조금 멋져 보이기도 했던 '컵에 담길 물'은 그러나 나를 많이 어지럽혔습니다. 잘 알아서 받아들이기 쉽지 않았으니까.

'내가 뭘 잘못했나.' '컵에 담을 물로 생각할 만큼 내가 좋다는 말인가.' '한데 왜 헤어지자는 거지.' '내가 자기를 얼마나 좋아하는지 떠보려는 걸까.' '그런 거라면 내가 매달려야 할 것 같은데.'

그땐 도무지 모르겠더군요. 컵과 물 때문에 여러 날 허방 짚던 나는 그해 사월 18일 시작될 '대학생 전방 입소 교육 거

부 싸움'으로 몸과 마음을 옮겼습니다. 과대표였기 때문에
자리 가리고 자시고 할 게 없이 마땅히 맡아 해야 할 일이었
죠. 일주일 동안이던 '대학생 전방 입소'는 그해가 마지막이
었습니다. "문제 있다"고, "싫다"고 한데 뭉쳐 말하면 조금이
나마 바뀐다는 걸 몸으로 알게 된 때였어요. 가슴 뜨거웠죠.
그리 달뜬 덕에 나는 컵과 물을 잊었습니다.

> "한 사람 획 지나갔다. 낯익더라고. 인천 가는 전철
> 안이었어. 땅속에서 빠져나온 뒤였으니 용산이나
> 노량진쯤이었을 듯해. 앉아 있던 곳에 그대로 잠시 더
> 곰곰 앉았다가 일어나 천천히 따라갔지. 저만치 전동차
> 한 칸 건너에 앞서 걷는 이 뒤통수 보이더라. 맞는 것
> 같았어. 그 사람. 전동차 끝에서 한두 칸쯤 남겨 둔
> 곳에 멈춰 서더니 누군가와 이야기를 나누더군. 천천히
> 다가갔지. 맞더라. 그 사람. 컵."

스물일곱. 기자 1년 차. 겨울 다가와 옷이 좀 무거운 때였
던 듯싶네요. 우연을 비웃으며 살았는데 뜻밖에 전철 안에서
그 사람을 잠깐 봤습니다. 한두 역 지나는 짬이었죠. 중학교
선생이 됐다더군요. "전공 살렸구나"라고 내가 웃으며 말했
는지 아닌지는 가물가물. 그 사람이 전동차 여러 칸을 건너

가 만난 사람은 "동생"이라더군요. 그리 묻고 난 뒤 나는 작은 신문사에서 일 시작했다 말한 성싶고. "아, 맞다. 앞에서 세 번째 칸에 타야 제물포역에 내릴 때 출구가 가깝지, 아마"라고 내가 웃으며 말했는지, "맞아. 이 칸에 오면 이렇게 동생 만날 수도 있고"라고 그 사람이 웃으며 말했는지 아닌지도 가물가물. 그쯤 하고 달리 더 보탤 말 없어 작은 웃음 입에 물고 가만히 서 있다가 내려야 할 역에 나는 내렸죠. "잘 가"라고 말하며. "잘 가"라는 소리를 나도 들은 성싶고. 손도 한두 번 흔들어 준 듯도 싶네요.

그리 돌아서며 나는 새삼 깨달았습니다. '컵'과 '물'은 달리 더하거나 뺄 것 없이 '그저 헤어지자'는 말이었던 걸. 곰곰 되짚거나 본뜻과 다른 뭔가를 찾으려 할 까닭 없이 '그저 헤어지자'는 뜻이었던 걸. 진작 알아들었어야 했어요.

음. 이쪽으로 고개 갸울어질 때 저쪽으로 흔들릴 것 없이 나는 이제 가만히 눈 내리깔았습니다. 컵과 물 모두 내려놓고 일어선 지 오래죠. 가슴속 불씨 있니 없니 하며 치근덕거리면 여러 사람 괴로울 테니까. 사람 말 제대로 알아들어야 합니다. 마음 조각 남기지 말고.

스토킹(stalking)

사람 탐내는 마음이 불러일으키는 몹시 나쁜 짓. "싫다"는 사람
말을 그대로 알아주지 않은 채 되레 감옥 갈 일 벌이는 자가
많습니다. 폭력이니 마땅히 그만한 책임을 져야 하죠. "싫다."
그러니 "헤어지자"거나 "그만 따라다니라"는 말 들리면 바로 그때
돌아서세요.
한국에서 '스토킹' 열에 여덟(78.7%)은 서로 사랑했거나
지금 사랑하는 사람을 향해 벌어졌다는 게 2016년 상반기
한국여성의전화 상담 자료 분석 결과입니다. 〈시사저널〉이 2016년
오월 30일 자 기사 '죽음 부르는 스토킹, 처벌은 범칙금 10만
원'으로 전한 얘기인데요. 그해 사월 19일 서울 가락동에서 한
남자가 사귀다 헤어진 여성을 3주 동안이나 좇으며 괴롭힌 끝에
칼로 찔러 목숨을 빼앗는 일이 벌어졌다죠. 2015년 칠월과 2014년
십이월에도 스토킹에 시달리던 여성 둘이 결국 목숨을 잃고
말았습니다. 끔찍하네요. 늘 마음 쏠려 잊지 못하고 매달린 끝에
사람 목숨까지 빼앗다니. 참으로 두렵습니다. 그건 사랑이 아니죠.

큰 잘못. 범죄입니다.

열 번 찍어 안 넘어가는 나무 없다는 속담. 아무리 뜻 굳은 사람이라도 여러 번 권하거나 꾀고 달래면 결국엔 마음이 바뀔 거라는 말인데요. 옛말이죠. '도끼'를 버릴 때 됐습니다. 사람 찍지 마세요.

골목

"무더운 팔월 끄트머리 오후였어. 바람길 트느라 내
어머니 부엌에서 마당으로 나가는 문을 벌컥 열었지.
마침 골목 건너편 집 한 칸 방에 세 들어 산다는 걸로 얼핏
들은 고교 선생이 셋방 부엌 문턱에 선 채 벗과 즐거이
주고받는 말소리 들렸어. 밝고 크게 웃으며. 큰 가슴
드러낸 채. 음. 깜짝 놀랐지. 골목 사이 두 집 담벼락이
그 선생 배꼽 위를 가려 주지 못했거든. 골목에서야
담벼락이 높아 가슴이 보일 리 없었겠지. 나는 두 집
담벼락에 내 허리쯤을 기댈 만한 높이에 서 있었어. 내
무릎께 높이에 있는 선생 가슴을 내려다봤던 거야."

스물. 대학 2학년. 서울에서 올림픽 열린 해였습니다. 등목
같은 게 예사로울 때였어요. 그 선생도 예사로운 등물로 한
낮 더위를 잊으려 했겠죠. 시원했을 테니 벗과 함께 웃음 터
졌겠고. 담벼락 높아 골목 쪽 누군가에게 가슴을 내보일 리
없으리라 여겼을 겁니다. 나 또한 크고 젊은 가슴이 그리 갑
작스레 눈앞에 나타나리라고는 꿈도 못 꿀 일이었죠.

　문 열어젖힌 몸짓 그대로 나는 몸 굳고 말았어요. 아마 절
로 벌어졌을 입까지. 어찌할 바 몰랐을 겁니다. 아주 잠깐이
었죠. 선생이 셋방 부엌 안으로 들어가자마자 나도 숨 텄어
요. 선생과 눈이 마주치지는 않았습니다. 선생은 내 눈길이

자기 가슴에 닿은 걸―내가 내 어머니 집 바람길 트느라 부엌에서 마당으로 나가는 문을 벌컥 연 것마저―몰랐던 듯했죠.

나는 그제야 부엌 문 앞에서 놓여났습니다만 얼굴 화끈. 몸 후끈. 골목 담벼락 너머에 그런 그림 어리다니. 음. '사람 알몸이 불쑥 눈앞에 나타날 수 있구나.' '그래, 옷은 참 얇은 껍데기다.'

내 아버지 집 부엌 쪽 골목 건너편 셋방엔 이제 세 들어 사는 사람 없습니다. 그 집 주인도 바뀌었고.

"후다닥. 친구가 옥탑 셋방 부엌에서 걸어 나왔어. '에이, 자식 좀 이따 오지!'라고 아쉬워하며. 나는 '뭐야, 집에 없는 줄 알았네! (부엌에서) 뭘 한 거냐?'고 물었고. '옆집 아가씨 샤워하는 거 보고 있는데 너 (옥탑방 철 계단 밟고) 올라오는 소리에 창문 닫혔잖아!'라는 녀석 대답."

스물넷. 군대 다녀와 복학한 대학 3학년. 학교에서 멀찍이 떨어져 값싼 옥탑방에 친구와 함께 세 들어 살 때였습니다. 좁은 골목을 두고 서너 층짜리 집 여럿이 다닥다닥한 터라 셋방 부엌 창에서 옆집 2층 목욕탕이 발아래쯤에 보였던 거죠. 내가 철 계단을 밟아 옥탑에 오르고 셋방 문 여는 소리 따위가 들렸던지 그 집 목욕탕 창문이 탁 닫혔다는 얘기였는데요. 거참, 괜히 내 낯까지 뜨거워졌습니다그려.

내 친구가 그 뒤로도 옥탑 셋방 부엌 창문에 더 매달렸는지는 모르겠네요. 따로 물어보지는 않았죠. 몰래 하던 짓을 들켜 쑥스러워하는 듯했으니 다시 그 집 목욕탕을 엿보지 않았을 거라 믿습니다.

사람 몸 탐하는 마음 때문에 애먼 담벼락과 창에 매달린 이 참 많을 겁니다. 바다 건너 멀리 알몸으로 햇살 즐기는 바닷가를 찾아가 색안경 낀 채 웃는 짓 같은 거. 한데 잘 아시죠. 넘지 말아야 할 금이 있다는 거. 바닷가에 가는 건 좋은데 다른 사람 몸을 카메라 같은 걸로 찍으면 안 된다는 거. 지하철 계단 같은 곳에서 다른 사람 치마 밑을 휴대폰 같은 걸로 찍으면 안 된다는 거.

영화 〈원스 어폰 어 타임 인 아메리카〉 속 어린 데보라(제니퍼 코넬리) 몸을 벽 사이 쥐구멍 같은 틈으로 훔쳐보는 어린 누들스(스콧 틸러). 세르지오 레오네 감독은 누들스가 데보라를 좋아하게 된 까닭을 더듬느라 그 그림을 예쁘게 그려 냈겠죠. 꿈속 그림처럼 꾸렸으니까. 음. 그림 속 데보라가 참 예뻤다는 걸 부인하진 못하겠습니다. 하지만 데보라가 벽 쥐구멍 너머 누들스를 두고 "바퀴벌레"라고 말한 것처럼 다른 사람 몸 훔쳐보는 게 나쁜 건 틀림없죠.

음. 사람 바라보는 눈길이 그래선 곤란합니다. 우리는 지금 사람 모여 사는 곳에 함께 서 있는 것이지 다른 사람 벗은 몸 훔쳐보는 욕심 채울 극장이나 영화관에 앉아 있는 게 아니거든요.

설거지

사람에게 고르고 치우침 없어 한결같은 세상을 향해 한국 남자가
집에서 내디뎌야 할 첫걸음. 매우 꼼꼼하게 씻고 잘 정리해 말려야
합니다. 설렁설렁 해치워선 곤란하죠. 여기저기 튄 물방울에까지
마음 기울여 차분히 닦아 내세요. 그렇지 못하면 같이 사는 이가
다시 해야 하니까. 사람이 뭔가 먹고 난 뒤엔 찌꺼기가 남아
냄새나게 마련이죠. 누구나 맡기 싫은 냄새요 절로 눈살 찌푸려질
만큼 귀찮은 일이니 '눈에 띄는 대로 먼저 해내야 할 노동'입니다.
"부엌에 들어가면 고추 떨어진다"는 등 "남자 할 일 따로 있다"는
등 말도 안 될 소리를 입에 올리거나 귀에 담지 마시고요.
제19대 한국 대선에 나섰던 홍준표 자유한국당 후보가
2017년 사월 17일 와이티엔(ytn)에 출연해서는 설거지를 두고
"하늘이 정해 놓은 것인데 여자가 하는 일을 남자에게 시키면
안 된다"고 말했습니다. "집에서 설거지를 하느냐"는 진행자
질문을 두고 "설거지를 어떻게 하느냐"고 되물으며 "절대 안
한다. 하면 안 된다"고 덧붙였죠. "전기밥솥도 열 줄 모른다.

라면도 못 끓인다"고까지 말했다니 참으로 고리타분. 늘 하던
생각과 몸짓 그대로를 입에 담아낸 것일 텐데요. 안쓰럽습니다.
설거지하지 않고 밥솥조차 열 줄 모른다는 그를 두고 '남자답다'고
추어올리느니 돌아앉아 눈곱이나 떼고 있는 게 나을 성싶어서죠.
홍준표 후보는 제19대 대선 뒤에도 자유한국당 대표로서 잇따라
사람들 눈길 끝에 놓여 있었습니다. 무거운 자리에 오랫동안
있었으니 매우 조심스럽게 말하고 움직였어야 마땅했을 터. 한데
'하늘이 정해 놓은 설거지할 사람 논란'을 풀어서 밝힌답시고
"내 집사람은 하우스 와이프다. 집안일만 하는 사람"이라서
괜찮다는 취지로 말했다는 얘기까지 들렸죠. 음. 홍 대표는 부디
설거지하러 팔 걷고 부엌에 가 보시기 바랍니다. 세제는 얼마나
묻혀야 좋은지, 몇 번 헹궈야 세제 얼룩이 남지 않는지, 허리는
언제쯤 뻐근해지는지 꼭 겪어 보세요. 내 장담하는데 고추 떨어질
일 없을 겁니다. 정치하는 사람이 자신과 가장 가까운 시민을 위한
설거지조차 "절대 안 한다"고 해선 곤란하지 않겠습니까.

처음

"방 안이 온통 깜깜했다. 그믐이었는지 조그만 창으로 달빛 하나 들어오지 않았지. 나는 어둠 속에서 그 사람 가슴 어루만지고 치마 밑 생식기로 다가가느라 밤새 끙끙댔다. 그 사람은 자기 몸 어디나 만질 수 있게 해 줬지만 내 생식기를 받아들이진 않았어. 많이 지쳐 '오늘은 여기까지인가 보다' 싶었을 때 아주 잠깐 그 사람 생식기 안으로 내 것이 들어갔지. 아! 나는 그 사람 생식기 안에 딱 한 번 끌려들어간 그 짧은 동안 밤새 쌓인 뜨거움을 내뿜고 말았다. 난생 처음 겪는 느낌에 깜짝 놀랐지. 머릿속에 '이렇겠지?' 하며 그리거나, 가슴에 '그럴 거야!' 하고 품어 봤던 모든 헤아림과는 다른 그 무엇. 나는 도무지 뭘 어찌할 수 없어 깜짝 놀란 그대로 그 사람 생식기 안에 잠시 머무르다 빠져나오고 말았어."

스물셋. 군대에서 놓여나 대학 복학을 앞둔 1991년 늦가을. 나는 전주에 있는 전북대학교 앞 여관방에서 사람 생식기 안을 내 생식기로 처음 겪어 봤습니다. 놀라웠죠. 그때 그 느낌을 뭐라 제대로 말하기 어려웠고, 처음 겪는 일이었기 때문인지 나는 그 사람 생식기 안에서 한두 번 꿈틀댄 것만으로 몸이 다 식고 말았어요. 밤새 끙끙댄 탓에 더 뭘 어찌해 볼 겨를 없이 풀 죽었습니다. 지쳤던 거죠.

오랜 달리기에 팔다리 뻐근한 듯 내 생식기에 얹힌 무게를 느꼈습니다. 아랫배에 오줌 찬 느낌도 있어 침대를 떠나 화장실로 갔죠. 볼일 보고 나왔어요. 나왔는데…. 음. 그 사람. 침대에 누워 두 무릎을 배꼽 위로 끌어 둔 채로 오래 버티려는지 자기 발목을 손으로 틀어쥐고 있더군요.

"뭐 하는 거야?"

"아무것도 아니에요."

음. 아무것도 아닌 건 아니었죠. 그 사람은 아마도 그 짧은 동안 자기 생식기에 쏟아진 내 정액을 몸 안 깊이 품으려 했던 듯싶습니다. 아기가 생겨 자라나기를 바란 몸짓. 나는 그리 느꼈어요.

가슴 철렁. 내려앉을 수 있는 곳 끝까지. '아기가 생기면 어쩌지.' 몸 떨렸습니다. 두려워서. 아무런 준비 없이 사람 생식기 안에 처음 들어간 내 잘못. 함부로 날뛴 데 따른 책임.

나는 그 뒤 그 사람과 마주치기를 꺼렸습니다. 두려워서. 하룻밤 제 욕심 채운 뒤 얼굴 돌리고 만 거죠. '아기가 생겼으면 어쩌지' 하는 걱정에서 놓여나지 못했어요. 오랫동안. 뭘 어쩌지도 못한 채 조용히. 그저 숨죽인 채 달력 바라보다 겨울 깊어질 무렵 서울로 달아났습니다.

콘돔. 내가 미리 마련해 갖췄어야 했던 거. 스스로 곰곰 곱씹어도 거의 믿지 못할 일인데, 나는 스물세 살 되도록 콘돔을 마련해 본 적 없었습니다. 그때까지 '18금' 많이 보고 여러 벗과 어쩌고저쩌고했지만 정작 올바로 움직여야 할 바를 몰랐던 거죠. 제대로 배운 적 없으니 미리 콘돔 마련할 생각을 하지 못한 거예요. 뭐랄까. 참 우악스러웠죠.

콘돔은 그 뒤로도 내 주머니에 쉬 들어오지 않았습니다. 꼭 미리 마련해야 할 물건인 걸 알았으되 제대로 갖춰 올바로 쓰기 시작할 때까지 적잖은 시간이 흘러야 했죠. 콘돔은 '잘하려고 단단히 차리는 마음'이자 '마땅히 지켜야 할 일'입니다. 미리 마련해 갖추세요.

음. 어느 콘돔 상자 안에 들어 있던 '올바로 쓰는 법'을 입말에 가깝게 바꾸고, 알아듣기에 좋을 걸 조금 덧대 말해 보겠습니다. 콘돔 알루미늄 싸개를 조심히 여세요. 돌돌 말린 쪽을 겉으로 쓰니 틀림없이 그쪽인지 살피십시오. 생식기 끝이 살 껍질에 싸여 있다면 그것부터 뒤로 젖혀야 합니다. 콘돔 끝 돌기처럼 솟은 곳을 엄지와 검지로 잡고 부풀어 꼿꼿한 생식기 끝에 대세요. 콘돔 돌기 안에 공기가 남아 있지 않게 엄지와 검지로 살짝 비틀어 짜십시오. 나머지 손으로 돌돌 말려 있던 곳을 천천히 펴세요. 생식기에 얇은 고무 옷을 입히는 겁니다. 괄호 안에 '정자는 발기하든 안 하든 정액을 내쏘기 전에 나올 수 있으니 생식기가 서로 닿기 전에 콘돔을 써야 한다'고 적혀 있네요. 정액을 다 내쏘고 나면 부풀어 꼿꼿했던 생식기가 줄어들기 전에 돌돌 말린 곳을 잡고 콘돔을 빼십시오. 쓴 콘돔은 휴지에 싸서 쓰레기통에 버리세요. 화장실 변기에 콘돔을 버리면 안 됩니다. 마지막 글도 잊지 않게 마음속에 넣어 둬야겠네요. '콘돔은 한 번만 쓰고 버리는 것이며, 다시 쓰면 안 된다'고도 쓰여 있습니다. 올바로 쓰는 법이 적힌 종이를 뒤집으니 글이 좀 더 있네요. 더러워졌거나 찢어진 콘돔은 쓰지 마십시오. 어떤 콘돔도 100% 안전하지는 않으나 올바르게 쓰면 아기 배는 걸 피하고 성병이 옮지 않게 미리 막는 데 도움을 줄 겁니다. 아시겠죠. 콘돔 꼭 쓰세요.

걸레질

사람에게 고르고 치우침 없어 한결같은 세상을 향해 한국 남자가
집에서 내디뎌야 할 두 번째 걸음. 매우 꼼꼼하게 닦고 걸레까지 잘
빨아 말려야 합니다. 설렁설렁 해치워선 곤란하죠. 여기저기 묻은
얼룩에까지 마음 기울여 여러 번 닦아 내세요. 그렇지 못하면 같이
사는 이가 다시 해야 하니까. 사람이 뭔가 하고 난 뒤엔 찌꺼기가
남아 때가 되게 마련이죠. 누구나 보기 싫은 자국이요, 그걸 닦는
건 절로 눈살 찌푸려질 만큼 귀찮은 일이니 '눈에 띄는 대로 먼저
해내야 할 노동'입니다. 함께 사는 사람이 진공청소기 같은 것으로
쓸고 지나간 자리를 뒤좇아 가며 걸레로 꼼꼼히 닦아 보세요.
이마나 콧등에 땀 송골송골해지면 같이 사는 사람과 서로 더
말끔히 사랑하고 있음을 느끼게 될 겁니다.
홍준표 자유한국당 대표 이야기를 조금 더 해 보죠. 2017년
사월 제19대 대선에 나섰을 때 설거지를 두고 '하늘이 정한 여성
일'이라고 말했다가 비판을 받자 "내 집사람은 하우스 와이프다.
집안일만 하는 사람"이라서 괜찮다는 취지로 해명해 혹을 하나

더 붙였던 얘기. 나는 홍 대표의 말 가운데 '집사람'이란 낱말에도 절로 눈살 찌푸렸습니다. '늘 집에 있는 사람'으로 읽히는데 집이 무슨 감옥이던가요. 사람이 집에만 있을 순 없죠. 여성이든 남자든 할 것 없이 누구나 집 안팎에서 나름으로 땀 흘리게 마련인데 왜 누구는 '집사람'이고, 어떤 이는 '바깥사람'입니까. 설마 상투 틀고 갓 쓰던 고릿적 생각과 몸짓 그대로 21세기를 살아 내려는 걸까요. 홍준표 대표 손에 걸레를 쥐어 주고 싶습니다. 꼭. 더없이 지극한 마음으로.

입
맞
춤

"알프레도가 세상 떠나며 토토에게 필름 묶음을 남겼지. 동네 가톨릭 신부가 영화를 미리 살피며 알프레도로 하여금 잘라 내게 했던 수많은 입맞춤. 사람 가슴 잠깐 드러난 그림도 하나 섞여 있고. 신부가 손에 작은 종 든 채 자기 눈에 거슬린 그림, 특히 입맞춤하는 게 나오면 딸랑딸랑 소릴 냈지. 잘라 내라는 뜻으로. 그걸 모은 필름인 건데 예쁜 그림 많았어. 입맞춤에 어린 사람과 사람 마음. 알프레도 웃음. 사랑. 토토 눈물."

〈시네마 천국〉 속 알프레도(필립 느와레)가 페페(자끄 페렝)에게 건넨 사랑은 영화를 보는 이 가슴에도 잘 닿습니다. 어떤 이는 페페 눈물에 덩달아 눈시울 뜨거워질 테죠. 참 예쁜 그림이자 좋은 이야기예요. 사람 마음이 다른 이 가슴에 아름답게 닿는 그림.

예쁜 그림 하나 더. 영화 〈리틀 칠드런〉 안 어린이 루시에게 조금 서툰 엄마 사라 피어스(케이트 윈슬릿)가 동네 놀이터에서 심심풀이 삼아 애런 아빠 브래드 애덤슨(패트릭 윌슨)에게 전화번호를 '따러' 다가갔다가 장난처럼 한 입맞춤. 재미로 한 두 사람 입맞춤 바라보며 나는 절로 빙긋 웃었어요. 처음 이야기 나누는 두 사람 — 따로따로 남편과 아내를 둔 루시 엄마 사라와 애런 아빠 패트릭 — 이 심심풀이로 하는 입맞춤 그림이 눈에 익지 않고 좀 어이없기도 하다고 느꼈으니까. 나쁘진 않았습니다. 그 그림 보며 '이 영화 재미있겠다' 싶었죠. 장난 같은 입맞춤 때문에 두 사람 마음 흔들리는 게 잘 보였거든요.

> "라르고가 푸른 옥 같은 걸로 만든 보살 입상을
> 페타치에게 건네고는 '이게 내 보물 가운데 가장
> 훌륭하다'고 말했지. '떨어뜨리지 않게 조심하라'고
> 덧붙였고. 페타치 두 팔을 보살 입상에 묶어 둔 셈인
> 거야. 음. 페타치에게 억지로 입맞춤하는 라르고. 힘껏.
> 두 손으로 페타치 얼굴 붙든 채. 욕심 채우고 페타치
> 입술에서 떨어지는 라르고 입. 윽… 두 사람 입술에 붙어
> 죽 늘어지는 침."

영화 〈네버 세이 네버 어게인〉에서 나쁜 짓 일삼는 막시밀리언 라르고(클라우스 마리아 브랜다우어)가 도미노 페타치(킴 베이싱어)에게 억지로 입맞춤했을 때. 역겨웠습니다. 그건 마음 담은 입맞춤이랄 수 없죠. 폭행이에요. 두 팔 묶어 둔 채 몸 짓밟는 짓. 그게 어디 몸에만 자국을 내고 말겠습니까. 사람 마음을 깊게 벨 겁니다. 벽이나 문 같은 곳에 사람 밀어붙여 놓은 채 억지로 입술 탐하는 짓도 하지 마세요. 그걸 무슨

'남자답다'고 꾸미는 일 많던데 '사람답지 못한 짓'이죠. 밀어붙인 힘 ― 박력(迫力) ― 만큼 사랑도 짙어지리라 여기는 족속이 있던데 어이없는 얘깁니다. 사랑은 사람을 힘으로 잡아 가두는 게 아니거든요. 벽이나 문에 밀어붙이는 힘 더 셀수록 사람 마음 더욱 멀리 떠날 겁니다.

"쪽… 그 사람이 어느새 내게 입맞춤을. 음. 뭐랄까. 저릿한? 조금 놀라기도 했고. 저릿한 게 곧바로 가슴 건드려 콩닥댔거든."

스물여섯. 대학 마친 뒤 신문기자 되려고 애쓰던 무렵 봄날. 예쁜 가슴 그 사람이 내 입술을 빨았습니다. 살짝. 방 어둠 나눠 품은 채 이런저런 얘기 나눌 때였는데 불현듯 다가와 입맞춤하더군요. 좋았습니다. 매우. 음. '이게 키스구나. 뽀뽀완 다르네.' 나는 그때까지 누군가와 제대로 입맞춤한 적 없었던 거죠.

"키스 안 해 봤지."

그 사람이 짚자마자 나는 대답했어요. "응." 다른 사람에게 마음 전하려 몸 움직이는 대로 입을 맞춰 보긴 했는데 이른바 '키스'를 한 건 아니었던 겁니다. 제대로 입맞춤할 줄 몰랐던 거죠. 그 사람 덕에 알았어요. '살짝 빨아야 하는구나. 마음 무게만큼 빨게 될 수도 있겠네. 너무 세면 곤란하겠고.' 나는 스물여섯 살 되어서야 누군가와 어찌 입맞춤해야 하는지를 배웠습니다.

음. 입맞춤. 내 사랑하는 마음을 다른 사람 가슴에 닿게 할 열쇠 같은 거. 달뜬 마음 때문에 눈은 아마도 '벌써' 맞춘 뒤일 겁니다. 예쁜 사랑 하세요. 힘 좀 있다고 벽 같은 곳에 사람 밀어붙여 억누른 채 억지로 하진 마시고.

명절(名節) 놓기

사람에게 고르고 치우침 없어 한결같은 세상을 향해 한국 남자가
집에서 내디뎌야 할 세 번째 걸음. 해마다 돌아오는 설날과
한가위를 앞두고 사람 몸과 마음 다 움츠러들었는데 특히 여성이
짊어졌던 무거운 짐을 함께 내던져야 할 때가 됐습니다. 명절에
얻은 괴로움과 아픔 때문에 스스로 목숨을 끊는 이까지 나올
지경이니까요. 부부가 사는 집에선 그나마 치우침 덜한 삶을 살던
여성이 시부모 집에만 가면 다시 부엌데기가 되고 마는 흐름을
그만둬야 합니다. 오죽하면 스스로 숨을 멈추겠습니까. 이제
놓읍시다.
같이 사는 벗과 짝과 나는 명절엔 움직이지 않죠. 조용히 집에 줄곧
머물러요. 많이 늦었지만 그나마 10년쯤 전부터 그리했습니다.
말할 것도 없이 처음엔 힘들었죠. 나로부터 '1년에 겨우 두어
번인데 그쯤이야, 뭐 쉬 해낼 만할 것'으로 여겼기 때문. 짝이
가벼이 참아 주기를 바랐던 거죠. 쉬 해낸다고 믿었고요. 한데
그렇지 않았습니다. 쉬운 게 아니었죠. 큰댁에 모인 겨레붙이를

위한 먹을거리와 차례 치다꺼리에 짝 몸과 마음 모두 무거웠던 거예요. 음. 내 어머니 아버지께 말씀드렸습니다. 조금씩 천천히. 설날, 또 한가위에 "뵈러 가기 어렵겠어요. 길 막히지 않는 다른 날 갈게요"라고. 말할 것도 없이 처음엔 힘들었죠. 내 어머니 아버지께선 도무지 잘 알아서 받아들일 만한 얘기가 아니었기 때문. 노여워하셨어요. 음. 달리 해 볼 게 있었겠습니까. 꾸준히 말씀드렸습니다. 조금씩 천천히. 내 어머니 아버지, 노여움 푸셨죠. 설이나 한가위 아닌 날 만나 맛난 것 함께 즐기며 웃어 주셨고요. 이젠 먼저 말씀하십니다. "길 막힐 텐데 내려오지 마라. 올 수 있을 때 천천히 와." 짝과 나도 같이 사는 벗에게 미리 말해 둔 게 있습니다. "나중에 너 혹시 결혼하거든 명절 쇠러 엄마 아빠 집에 올 생각 말아라. 때 더 흘러 엄마 아빠 죽거든 제사 같은 것도 지낼 생각 말아라."

참고 문헌

- 시오노 나나미, 김석희 옮김, 〈로마인 이야기 4 — 율리우스 카이사르(상)〉,
  1996.

"그런데도 오직 카이사르만이 자기 차례가 오기를 줄지어 기다리는 상류층

부인들을 모조리 맛보는 빛나는 영광을 누렸다(150쪽)……중략……

카이사르의 최대 채권자인 크라수스의 아내 테우토리아. 남편이 오리엔트에

출정해 있는 동안 얌전히 집을 지켜야 했을 터인 폼페이우스의 아내 무키아.

폼페이우스의 부장으로 역시 전쟁터에 나가 있는 가비니우스의 아내

로리아. 원로원 의원의 3분의 1이 카이사르에게 아내를 '도둑맞았다'고

말하는 역사가도 있다(151쪽)……중략……이런 여자들은 모두 로마의

상류층에 속한다. 말하자면 미장원이나 양장점에서 자주 마주치는 것이다.

그런데 서로 질투하거나 싸우지도 않은 채, 자기 차례가 오기를 얌전히

기다리면서 차례로 그의 애인이 됐으니 유쾌한 일이다(151쪽)."

'유쾌'… 하다고? '모조리 맛보는 빛나는 영광'… 이라고? 지은이 생각 수준이

참 딱하다. 이건 매우 거북하다. 제아무리 카이사르였다 하더라도, 그를

좋아한 지은이였다손 치더라도.

또 있다. 카이사르는 "여자라면 누구나 다 좋아한 것이 아니라 취향에 맞는

상대를 골랐고, 그것도 여자의 유혹에 넘어가서가 아니라 그 자신이 원했기
때문에 성공한 것이 아닌가 여겨진다. 남자가 강렬히 원하면, 여자다운
여자는 굴복하게 마련(152쪽)"이라고 썼다. 지은이는 '강렬히 원하는
남자'에게 마땅히 굴복했다는 얘기로 들어야 하나. 거북하다.

• 옐토 드렌스, 김명남 옮김, 〈마이 버자이너〉, 동아시아, 2017.
뭐라 말할 수 없었다. 아는 게 없었으니까. 배운 적 알아본 적도 없고. 그저
귀동냥에 몰래 훔쳐본 옛 '18금' 그림 여러 조각을 이리저리 맞춰 가며 '아마
그런가 봐' 했을 뿐. 음. 제대로 알지 못해 조마조마했던 여러 조각을 얼마간
맞춰 내며 살다 보니 어느새 마흔아홉. 배우지 않은 데다 제대로 보고 듣지
못해 아는 것 없었으니 내 그 얼마나 드셌을까. 낯 들기 참 어렵네. 배우고
익힐 거 여럿이 책 안에 고스란히 이 어찌 즐겁지 않겠는가.

• 이민경, 〈우리에겐 언어가 필요하다 ─ 입이 트이는 페미니즘〉, 봄알람,
   2017.
입이 더 잘 트일 수 있게 쉬 읽히는 글이었으면 더욱 좋지 않았을까. 하는
아주 작은 아쉬움. 있되 그리 크지 않은 건 뼈에 저린 알맹이 때문.
"여성이 어쩌다 지혜로워졌습니까? 가진 것 없는 인간이 맹수에게 죽기
싫어서 지능을 이용해서 살아남았습니다. 여성도 있는 그대로 살 수
있었다면 굳이 지혜롭지 않아도 괜찮았을 겁니다. 생존을 위해 지혜를 짜낸
쪽더러, 모자라도 충분히 살 수 있었던 팔자 좋은 본인들을 너그러이 품으라
종용하는 건 아무래도 얄밉습니다(32쪽)."

힘센 자가 엮은 세상 짜임새에 묻어 '팔자 좋은' 쪽에 낀 채 오랫동안 생각 없이 말 함부로 하며 살았네. 하는 아주 큰 부끄러움. 있되 여태 삶을 제대로 바꾸지 못한 건 더 배우고 생각해 볼 게 많기 때문.

생각 없이 함부로 한 말이 사람을 죽일 수도 있겠구나. 하는 깨달음. "내 말을 가로막는 것과 나를 죽이는 것은 하나의 비탈 위에 놓여 있다(72쪽)"는 리베카 솔닛 말처럼. 그나마 "'근데 왜 나한테 그래?'나 '모든 남자가 다 그런 건 아니잖아?' 같은 말"로 여성에게 "'다시 모른 채 살아도 된다고 말해 달라'는 뜻(137쪽)"을 내밀지는 않은 셈싶다. 하는 마음 다독임. 있되 웃을 수 없는 건 "이 사회에서 여성혐오의 혐의에서 결백한 사람은 아무도 없(115쪽)"기 때문.

"이제 선택할 때입니다. 원래 평화로운 곳에서 살던 것은 한쪽뿐이었기에 그리로 돌아가는 선택지는 없습니다(60쪽)." "반드시 남성이 중심이 아니어도 세상이 돌아갈 수 있음을 보이는 게(127쪽)" 옳기 때문.

• 이인, 〈성에 대한 얕지 않은 지식〉, 을유문화사, 2017.

깨달아 조금씩 더 알아 가려마 생각했다. 사람에 대해. 뭘 먼저 알아보겠다든지, 나중에 알 것 따위를 따로 짚지는 않았다. 이것저것 눈에 띄는 대로 읽어 가며 그때그때 알아 둔 것 되짚기로 했다. 뚜렷이 알아 제대로 말하고 올곧게 움직일 수 있게.

• 정희진, 〈페미니즘의 도전〉, 교양인, 2017.

"남성이 여성주의자가 되는 것은 자기 존재를 상대화해야 하는, 자신을

후원하는 '아버지'를 버려야 하는, 매일매일 보이지 않는 (가사) 노동을
감당해야 하는 힘든 일이다. 그야말로 존재의 전이인 것이다(49쪽)."

가사(家事). 집안일. 표준국어대사전이 '가사'를 '한 집안의 사사로운 일'
— 공적(公的)이 아닌 개인 일 — 로 여긴 게 껄끄럽되 잠깐 접어둔 채 곰곰
살펴본들, 나는 뭐 하나 제대로인 게 없는 성싶다. 기껏해야 설거지요
마지못한 걸레질에 시켜야 하는 화장실 닦기에 지나지 않았네. 무거운 물건
조금 옮기며 귀찮다 투덜대고 모아 둔 쓰레기 나눠 내놓는 것쯤에 생색은 또
엄청났지.

나는 마흔아홉 되도록 뭐 하나 제대로 버리고 바꾸지 못한 성싶어 몹시
부끄럽네. 생각 모자라 여태 갈 길 멀고 배울 것 많아 낯부끄러우이.

"음식을 만들되 먹지 말라, 말라깽이가 되되 가슴과 엉덩이는 풍만하라,
정숙하면서도 섹시하라……. 식욕·성욕·수면욕은 인간의 3대 욕구가
아니라 남성의 3대 욕구인 셈이다(113쪽)."

한껏 기울어 엉큼한 바람에 기대어 밉살스럽게도. 나는, '남자로 태어나
다행'이라 생각한 날이 길었네. 말과 몸짓은 그렇지 않은 척했으되 머릿속
깊이 뿌리박힌 그 얄팍한 마음 놓기. 하니 생각이, 몸이 제대로 움직였을 리
있나. 마음 편치 못하고 못내 부끄럽다.

• 조정래, 〈태백산맥 — 제1부 한의 모닥불 1〉, 한길사, 1993.
2017년 사월에 다시 펼친 1권. 좋았다. 다른 것도 보였고. 깊고 넓게. 1994년
처음 읽었을 땐 제대로 느끼지 못했던 거 여럿. 특히 거북하게 붙들린 것
하나. "손수 옷고름을 풀었던 지난밤과는 너무나 다른 그녀의 모습이었다.

그녀의 거부가 강할수록 그의 남성은 더욱 강해졌다. 거부를 포기한 그녀는
울먹였다(201쪽)." 소화를 겁탈한 정하섭. 흰 꽃 — 소화(素花) — 짓밟은 강간.
그걸 소화의 '부끄러움'으로 어르고, 기어이는 "한 번의 경험도 쉽게 습관이
되는 것(201쪽)"이라며 "그녀는 어제처럼 거부의 몸부림을 하지 않았다.
어제의 부끄러움이 부끄러워질 만큼 부끄러움은 엷어져 있었다"고 잇댄 거.
내 어릴 적엔 생각 앝아 그냥 그렇기도 한가 보다 싶어 쉬 지나친 모양인데
이젠 몹시 거북했다. 강간이니까. 남성이 벌인 나쁜 짓을 두고 제 눈과
마음에 좋게 꾸민 것 따위일 뿐. 아름답게 꾸밀 이야깃거리가 아니었다.

• 채만식, 〈태평천하〉, 문학과지성사, 2005.

윤직원. 몸과 마음이 온통 구질구질한 1937년 — 〈태평천하〉 발표된 해
— 무렵 한국 늙은이. 돈 좀 있다고 제 '몸시중 들 예편네' 찾고 열네댓 살
된 어린이 품으려 씩둑대는 자. 아내, 딸, 며느리, 어린 기생을 업신여기는
1930년대 한국 남자들 모습이 고스란하다.

• 한강, 〈채식주의자〉, 창비, 2007.

잘못했다. 영화를 먼저 본 거. 언젠가 아이피(IP) 티브이에 값싸게 내걸렸기에
별 생각 없이 골라 본 건데. 언제 봤는지조차 도로 생각해 내지 못하겠는데.
이런저런 흐름 따라 영화 속 여러 그림 되살아나니, 이거야 원. 영화가 책
읽는 들숨 날숨을 흩뜨릴 줄이야.
특히 영화 속 '영혜' 언니. 〈박하사탕〉 속 그 배우 얼굴까지 겹쳐 보일
정도로 억센 나머지 읽는 내내 그를 떨칠 수 없었다. 힘겹게. 머리 안에

다른 '영혜' 언니를 조금 그려 보다 그 배우에게 붙들렸고. 다시 붙들렸다.

어쩌랴. 영화를 먼저 본 걸. 영화 속 '영혜'와 짝이 된 사람. 미안하지만 내내

거북했고. 영화 속 '영혜'는… 본디 '영혜'보다 예쁜 것 같았으니. 음. 읽으며

새로 그려 보던 머리 안 그림을 죄다 망치고 말았네.

참, 이건 매우 드문 일인데 ─ 그럴 리 없을 성싶은데 ─ 도무지 도로

떠오르지 않는 얼굴 있다. 영화 속 '영혜' 언니와 짝이었던 배우. 여태

모르겠다. 영화를 다시 봐야할까. 다시 보면 느낌 달라지려나. 아직까지 그

영화를 찾아보진 않았다.

• 김항심, 〈딸에게 건네주는 손때 묻은 책〉, 내일을여는책, 2016.

"하나의 사랑이 가면 새로운 사랑이 오게 마련이고, 새로 다가오는 사랑은

늘 이전 사랑보다 좋은 사랑이다. 사는 동안 가장 좋은 사람은 늘 오지 않은

채로 대기 중인 거지. 그러니까 아플 것이 두려워 사랑 앞에서 움츠리지도

말고, 헤어진 뒤 지난 사랑 붙잡고 자신을 소모시키지도 않았으면

좋겠다(52쪽)."

아들에게 같은 말 해 줄 생각이다. "모든 사람과 좋은 관계를 맺을 수는

없어. 인정할 수밖에 없는 현실이지. 그래서 나와 주파수가 다른 사람들과

굳이 비루함을 참아 가며 관계를 유지하기 위해 노력할 필요는 없는

거야(182쪽)"라는 말과 함께.

• 스테퍼니 스탈, 고빛샘 옮김, 〈빨래하는 페미니즘〉, 민음사, 2014.

본디 제목이 훨씬 좋다. 좋은 페미니즘 책이 어떻게 내 삶을 바꿨나(How the

Great Books of Feminism Changed My Life).

기독교 경전 창세기 3장 16절에 "네게 잉태하는 고통을 크게 더하리니 네가 수고하고 자식을 낳을 것이며 너는 남편을 사모하고 남편은 너를 다스릴 것이니라(52쪽)"라고 쓰여 있다고. 헛소리다. "메리 울스턴크래프트는 가족에 대한 예속과 강요된 굴종은 아무리 비단으로 포장하더라도 '족쇄'에 불과하므로 여성들을 그 족쇄에서 해방시켜 주어야 한다고 단호히 말했(124쪽)"단다. 옳은 말이다.

• 엘렌 스노틀랜드, 한국성폭력상담소 부설연구소 옮김, 〈미녀, 야수에 맞 서다 – 여성이 자기 방어를 시작할 때 세상은 달라진다〉, 사회평론, 2016.
"수업 중 캐서린은 어릴 적 아버지의 폭행을 재현하는 상황극을 했다. 그녀는 설거지를 하면서 아버지와 대화를 나누고 있었다. 캐서린이 손을 털자 비눗방울과 물방울이 아버지에게 튀었고, 아버지는 그녀의 뺨을 세게 때렸다. 그리고 나서 아무 일 없다는 듯 대화를 이어갔고, 캐서린이 대답을 하지 않자 나무랐다(100쪽)."
오래전 짝과 함께 한강 양화 남쪽 나루 둘레를 거닌 날. 사람 많지 않아 넷 에움이 조용했다. 우리로부터 삼사 십 미터쯤 떨어졌을까. 아름다운 걸 한눈에 알아볼 수 있을 여성이 몸 단단한 남자 팔짱을 끼고 느낌 두텁게 걸었다. 여성이 웃으며 뭔가를 말하는가 싶었는데. 멈칫. 바지 주머니에 있던 남자 오른손이 자기 왼쪽 어깨 언저리에 있던 여성 왼뺨을 때렸다. 세게. 번개 치듯 빨리. 나는 갑작스레 일어난 두 사람 모습에 놀라 벌어진 입 다물지 못했고.

그런 일 잦았는지 아무 일 없는 듯 걷던 대로 다시 발걸음 떼는 두 사람.

여성은 계속 웃었으며. 음. 되풀이하는 폭력에 묶인 삶. 무섭다. 불쌍하고.

"병적인 수준의 남성성을 지닌 이들에게는 몇몇 특성이 있다. 그중

여성들에게 가장 위협적인 것은 여성이 자신의 소유물이라고 진지하고도

확고하게 믿는다는 점이다. 이들은 자신의 여자가 반항하지 않도록, 집

안에 얌전히 있도록, 여자를 훈육하고 때리고 묶고 가두는 등 필요한 모든

조치를 할 책임이 있다고 생각한다. 여성을 살해하는 것 또한 불가능한 일이

아니다(109쪽)."

- 토마 마티외, 맹슬기 옮김, 〈악어 프로젝트 - 남자들만 모르는 성폭력과
  새로운 페미니즘〉, 푸른지식, 2016.

마음 무겁게 가라앉은. 이야기. 내 말 내 몸짓 두고 절로 돌이켜 보게 한. 그림.

2018년 들어 펼친 책 가운데 가장 큰 근심에 여위었다.

책 속 두 토막. 로랑 플룀. "공감 능력을 키우는 것은 중요하며 근본적인

일이다. 만약 '악어'들이 잠깐만 멈춰서 2분 정도만 자신이 성희롱 또는

성폭력을 가하려는 여성의 입장이 되어 본다면 절대 악어들이 되지 않을

것이다. 그런데 우리 사회의 모든 것이 남성의 공감 능력 향상을 방해하는 것

같다(159쪽)." 이렌 자이링거. "분명하게 말하지만, 성폭력의 책임은 여성이

아니라 전적으로 가해자에게 있다(163쪽)."

- 페기 오렌스타인, 구계원 옮김, 〈아무도 대답해 주지 않은 질문들 - 우리
  에게 필요한 페미니즘 성교육〉, 문학동네, 2017.

읽고 생각하며 좀 더 깊거나 알맹이가 다른 페미니즘 이야기를 찾다 보니 닿은 책. 본디 제목은 〈GIRLS & SEX〉. 곰곰. 곱씹어 볼 게 있다. 책에서 꺼낸 토막도 많고. 특히 "2012년에 4,000명 이상의 청소년을 대상으로 한 조사에서, 대부분의 십대들은 처음 성경험을 하기 전에 특히 어머니나 아버지로부터 성에 대해 많은 것을 배우고 싶다고 대답했다. 그중에서도 관계와 섹스의 감정적인 측면에 대해 부모가 더 많은 조언을 해 주기를 바랐다(373쪽)"는 거.

- 고미숙, 〈이 영화를 보라〉, 그린비, 2008.
- 고형욱, 〈영화는 끝나도 음악은 남아 있다〉, 사월의책, 2010.
- 김성애, 이지연, 〈우리가 성에 관해 알고 싶은 것, 그러나 하이틴 로맨스에도, 포르노에도, 나와 있지 않은 것〉, 또하나의문화, 1998.
- 김인기, 김형석, 〈영화 속 IT 교과서〉, 전자신문사, 2013.
- 김주연, 〈문학, 영상을 만나다〉, 돌베개, 2010.
- 다카야나기 미치코, 김정화 옮김, 〈성교육 상식사전〉, 길벗스쿨, 2015.
- 라우라 에스키벨, 권미선 옮김, 〈달콤 쌉싸름한 초콜릿〉, 민음사, 2004.
- 마누엘 푸익, 송병선 옮김, 〈거미여인의 키스〉, 민음사, 2000.
- 앤 라클레네 헨닝, 티나 브레머 올제브스키, 김현정 옮김, 〈스무 살 전에 알아야 할 성 이야기〉, 예문, 2013.
- 윌리엄 셰익스피어, 최종철 옮김, 〈햄릿〉, 민음사, 1998.
- 이운진, 〈세상에서 가장 아름다워질 너에게〉, 창비, 2012.
- 인간과성교육연구소, 김정화 옮김, 〈성교육 상식사전〉, 길벗스쿨, 2015.

- 제인 폰다, 나선숙 옮김, 〈돌직구 성교육〉, 예문사, 2016.

- 치마만다 응고지 아디치에, 김명남 옮김, 〈우리는 모두 페미니스트가 되어야 합니다〉, 창비, 2016.

- 파트리크 쥐스킨트, 강명순 옮김, 〈향수〉, 열린책들, 1991.

- 후지이 니에마라 미도리, 타카하시 무츠코 외, 박찬영, 김영희 옮김, 〈핀란드에서 배우는 행복한 아이 키우기〉, 아침이슬, 2011.

- 버지니아 울프, 이미애 옮김, 〈자기만의 방〉, 민음사, 2006.

- 시몬느 드 보부아르, 이희영 옮김, 〈제2의 성〉, 동서문화사, 1992.

아이가 보내는 신호들   01
아이가 한 살이면 엄마도 한 살

최순자 지음 / 13,000원

영유아 부모를 위한 발달심리 가이드
'아이 발달'의 키워드를 풀어낸다. 저자가 일본 유학 생활을 비롯해 약 25년간
영유아 교육을 연구한 것과 국제 공동연구 결과를 토대로 하였다. 유아교육,
보육 현장을 보면 한국에 비해 일본이 육아의 본질을 놓치지 않고 있다.
자발성과 사고력 발달을 중시하는 교육이다. 매순간 자라나는 아이는 한시도
기다려주지 않으므로 내 아이의 발달과 행동, 마음을 파악하고 정성으로
양육해야 한다.

아이와 자꾸 싸워요   02
스스로 공부하는 아이를 위한 마음코칭

김은미 지음 / 12,000원

엄마, 내 마음을 만져줘
부모의 역할은 아이에게 숨겨진 재능을 찾아 그것을 가치 있게 만들어
창의적이고, 행복한 삶을 살도록 돕는 것이다. 왜 공부해야 하는지, 공부를
잘하게 하려면 부모가 어떻게 해야 하는지 알기 위해 엄마부터 마음코칭
받도록 하고, 이를 통해 아이를 키우는 데 도움이 되고자 한다. 부모 노릇을
마냥 어렵게만 느끼는 분들이 아이의 마음을 들여다보고, 상처를 만져주며
감격적인 소통을 할 수 있을 것이다.

엄마 난중일기   03
내 쓸쓸함을 아무에게도 알리지 마라

김정은 지음 / 13,000원

취미는 남편 걱정, 특기는 자식 걱정, 휴일도 없는 극한직업 '엄마'
사람들 사는 모습은 외양과 조건만 다를 뿐 속사정은 어떤 보편성을 띤다.
저자는 남이 사는 모습에서 주제를 포착해 자신에게 적용해보면 고민을
해소할 수 있지 않을까 희망한다. 그래서 여기 놓인 자신의 삶을 참고삼아
당신들만의 정답을 찾아보라고 솔직하게, 친근하게, 수다스럽게 말을 건넨다.
아이들 다 키우고 상실감에 빠진 엄마, 엄마 은퇴선언할 날을 기다리는
동지라면 즐겁게 공감할 내용이다.

발도르프 육아예술 04

조바심·서두름을 치유하는 거꾸로 육아

이정희 지음 / 14,000원

43가지 발도르프 육아 이야기

철저히 아이 본성에서 출발한 루돌프 슈타이너의 발도르프 교육론과 헝가리 소아과 의사 에미 피클러의 영아 발달론을 바탕에 두었다. 아이의 발달과 인권을 존중하는 양육 관점, 보호막 형성이 중요한 구체적 근거, 상상력과 언어 발달에 바람직한 양육 방식, 선행학습·조기교육을 멀리해야 하는 근본 이유 등 육아 고민을 해결할 결정적 단서들을 담았다. 각 글 뒤에는 육아 실전에 적용할 Q&A가 이어진다.

아빠도 아빠가 처음이라서 05

고래아빠의 엄마챙김 육아 이야기

정용선 지음 / 13,000원

아빠들이여! 육아가 어렵다면 먼저 엄마를 돌봐라

초보부모에게 필수인 정보부터 육아 철학도 이야기하는 책. 임신기부터 아빠의 참여를 강조하고, 엄마가 주양육자일 때 아빠의 역할을 제시한 '엄마챙김 육아'와 저자의 전공 분야인 심리학, 심리치료이론을 쉽게 소개했다. 자연주의 출산의 체험 후기와 아이의 신체·심리 발달과 성장 과정의 특징을 담았다. 아기와 예비부모가 정서적으로 교감하면서 부모-자녀 관계의 질을 높여줄 것이다.

발도르프 아동교육 06

발달 단계의 특성에 기초한 교육

루돌프 슈타이너 지음·이정희 옮김 / 12,000원

아이의 첫 번째 환경은 사람이다

유네스코는 '모두를 위한 교육'으로 추진한 일명 '프로젝트 스쿨'의 성공 사례로 발도르프학교 모델을 주목했다. 1907년 처음 발간된 이 책은 인지학적 교육에 관한 루돌프 슈타이너의 첫 강연과 '정신과학에서 바라본 학교문제'를 주제로 한 강연 원고 두 편을 담고 있다. 그의 교육학적 생각들이 처음 요약된 것으로 슈타이너의 저작 가운데 중요한 부분을 형성한다.